海外短期英語研修と第 2 言語習得

シリーズ 言語学と言語教育

第1巻　日本語複合動詞の習得研究−認知意味論による意味分析を通して　松田文子著
第2巻　統語構造を中心とした日本語とタイ語の対照研究　田中寛著
第3巻　日本語と韓国語の受身文の対照研究　許明子著
第4巻　言語教育の新展開−牧野成一教授古稀記念論文集
　　　　鎌田修，筒井通雄，畑佐由紀子，ナズキアン富美子，岡まゆみ編
第5巻　第二言語習得とアイデンティティ
　　　　−社会言語学的適切性習得のエスノグラフィー的ディスコース分析　窪田光男著
第6巻　ポライトネスと英語教育−言語使用における対人関係の機能
　　　　堀素子，津田早苗，大塚容子，村田泰美，重光由加，大谷麻美，
　　　　村田和代著
第7巻　引用表現の習得研究−記号論的アプローチと機能的統語論に基づいて
　　　　杉浦まそみ子著
第8巻　母語を活用した内容重視の教科学習支援方法の構築に向けて
　　　　清田淳子著
第9巻　日本人と外国人のビジネス・コミュニケーションに関する実証研究
　　　　近藤彩著
第10巻　大学における日本語教育の構築と展開−大坪一夫教授古稀記念論文集
　　　　藤原雅憲，堀恵子，西村よしみ，才田いずみ，内山潤編
第11巻　コミュニケーション能力育成再考
　　　　−ヘンリー・ウィドウソンと日本の応用言語学・言語教育
　　　　村田久美子，原田哲男編著
第12巻　異文化間コミュニケーションからみた韓国高等学校の日本語教育
　　　　金賢信著
第13巻　日本語 e ラーニング教材設計モデルの基礎的研究
　　　　加藤由香里著
第14巻　第二言語としての日本語教室における「ピア内省」活動の研究
　　　　金孝卿著
第15巻　非母語話者日本語教師再教育における聴解指導に関する実証的研究
　　　　横山紀子著
第16巻　認知言語学から見た日本語格助詞の意味構造と習得
　　　　−日本語教育に生かすために　森山新著
第17巻　第二言語の音韻習得と音声言語理解に関与する言語的・社会的要因
　　　　山本富美子著
第18巻　日本語学習者の「から」にみる伝達能力の発達　木山三佳著
第19巻　日本語教育学研究への展望−柏崎雅世教授退職記念論集
　　　　藤森弘子，花薗悟，楠本徹也，宮城徹，鈴木智美編
第21巻　海外短期英語研修と第2言語習得　吉村紀子・中山峰治著

シリーズ 言語学と言語教育 21

海外短期英語研修と第2言語習得

吉村紀子・中山峰治 著

ひつじ書房

まえがき

　オハイオ州立大学で日本語を学習している学生たちのために海外研修プログラムを中山が企画・運営し始めて16年が経った。試行錯誤の繰り返しで実施してきた海外日本語研修ではあったが，その成果を踏まえ，またいろいろな人たちと話し合いを持ちながら，オハイオ州立大学で静岡県立大学が海外短期英語研修プログラムを実施できるように吉村と中山がプロジェクトを立ち上げ，素案を作成した。そして，2003年には学部生のための「静岡夏期英語研修プログラム」を，また2007年には大学院生のための「静岡健康科学英語研修プログラム」を，それぞれ開始することができた。さまざまな事情から開始は遅くなってしまったが，長年温めてきた構想をこのような2種類のスタディーアブロードプログラムとして実現できたのはうれしいかぎりである。

　これまで，私たちは研修プログラムの成果をいろいろな学会や論文で発表してきたが，本書はそれらを大幅に加筆・修正し，さらに新たな分析を加えて，1冊にまとめたものである。タイトルからもわかるように，本書は2部構成となっている。前半では，2種類の海外短期英語研修プログラムについて説明した上で，ミシガンテストの結果に基づき，参加者の英語力の向上について客観的な評価を試みた。後半では，参加者の英語使用上の誤りに考察の焦点をおいて，最近の第2言語習得理論研究の進展に留意しつつ，その誤用の要因を検証した。分析がすべて終了したわけでもないし，また2種類の海外英語研修プログラムは現在も継続して実施されているのであるが，今回，ここまでの活動と実績をまとめておきたいと考え，本書を出版することとした。

本書で取り扱った研究は，多くの人たちの協力や支援なしには決して実施できなかった。初めに，2種類の研修プログラムに参加した静岡県立大学の学部生と大学院生に感謝したい。次に，オハイオ州立大学のプログラム運営関係者の皆さまに感謝申し上げる―プログラムの運営に大きく貢献していただいたオハイオ州立大学日本学研究所の Richard Torrance 所長，Janet Stucky Smith 副所長，「静岡夏期英語研修プログラム」を担当していただいた Rena Paskiet 講師，Mary Kay Sato 講師，Sue Hayashi 講師，アシスタントの Jennifer Bartko さん，Fran Miller さん，伊藤徳之さん，そして研究所の学生スタッフのみなさん，それから「静岡健康科学英語研修プログラム」の準備や運営等にたずさわっていただいた American Language Program の Kathy Romstead 前ディレクター，Gary Whitby 前ディレクター代理，Sheri Gangluff 副ディレクター，毎日クラスで奮闘していただいた担当講師の Bill Holschuh 前ディレクター，また参加者の日常的な英会話や生活面でお世話になったレジデントアシスタントやカンバセーションパートナーの学生たち，ホームステイをさせていただいたホストファミリーのご家族。

　静岡県立大学の教職員の人たちにもいろいろな面で多大なご協力をいただいた。八木公生前国際関係学部長，六鹿茂夫国際交流委員長，野口博司教務委員長，今井邦彦グローバル COE 拠点リーダー，小林裕和健康科学研究科長，奥直人前薬学研究科長，企画調整室の青島正弥さん・小田原章さん・落合芳彦さん，産学連携室の野島百合子さん・松葉美之さん・石野あずさんにお礼を申し上げる。また，プログラム実施に際しご助言をいただいた澤崎宏一氏，寺尾康氏，近藤隆子氏，武田修一氏，また補章で採り上げた資料の提供をいただいた渡邊愛美さんに感謝したい。そして，学生たちの英作文を添削いただいた Philip Hawke 氏，草稿に目を通して貴重なコメントをいただいた仁科明氏，柏木明子さん，狩野暁洋氏，木村早代さん，白畑知彦氏にもお礼を申し上げたい。

　本書での研究は，平成 17 ～ 19 年度科学研究費補助金（基盤研究（C）研究課題番号 17520387「アカデミックコミュニケーション能力の養成を目指す

海外短期英語研修プログラムの構築」)，平成 20 〜 21 年度科学研究費補助金（基盤研究（C）研究課題番号 20520551「海外短期語学研修が英語力養成に及ぼす影響について―作文力の向上と化石化現象」)，静岡県立大学グローバル COE，オハイオ州立大学人文学部東アジア言語文学科の支援を受けたものである。ここに記してあらためて感謝申し上げる。

　本書は平成 21 年度静岡県立大学理事長特別研究費と平成 21 年度静岡県立大学学長特別教育研究費の出版助成を受けた。ご支援いただいた鈴木雅近理事長，木苗直秀学長にお礼申し上げる。

　未曾有の経済危機で出版界の状況も大変厳しい中，本書の出版に快諾をいただいたひつじ書房の松本功房主，そして編集作業にあたりお世話になった森脇尊志氏に感謝の意を表したい。

　最後に，家族の理解なしでは本書の完成まで至らなかったことを記しておきたい。吉村順，中山ジェニファー，聖莉乃に「ありがとう」。

2009 年　秋
静岡・コロンバスにて
吉村　紀子・中山　峰治

目　次

まえがき	v

第1章　本書の目的・背景　　1

1.1.　はじめに　　1
1.2.　海外留学の誤解　　3

第2章　2種類の英語研修プログラム　　5

2.1.　はじめに　　5
2.2.　静岡夏期英語研修プログラム　　6
　　2.2.1.　授業の特色　　8
　　2.2.2.　Passport to Japan Program　　12
　　2.2.3.　カンバセーションパートナーとホームステイ　　13
　　2.2.4.　アンケート調査の結果　　15
2.3.　静岡健康科学英語研修プログラム　　18
　　2.3.1.　3週間プログラム（2007年）　　19
　　2.3.2.　6週間プログラム（2008年）　　22
2.4.　まとめ　　29

第3章　参加者の英語　テストスコアの分析　　33

3.1.　英語力の向上　　33
3.2.　MTELP（文法・語彙・読解）の結果　　35
3.3.　LCT（リスニング）の結果　　38

3.4.	ITWE（英作文）の結果	40
3.5.	SSEP スコアの比較―MTELP・LCT・ITWE	43
3.6.	英作文の特徴	45
3.7.	まとめ	49

第 4 章　参加者の英語　統語　　53

4.1.	はじめに	53
4.2.	主語と目的語	54
	4.2.1.　先行研究	54
	4.2.2.　参加者の主語と主格	56
	4.2.3.　目的語と目的格	59
4.3.	WH 移動	62
	4.3.1.　WH 移動とスクランブリング	62
	4.3.2.　関係節	64
	4.3.3.　参加者の WH 移動	65
4.4.	文法モジュールと素性照合	71
	4.4.1.　狭義のシンタクス	71
	4.4.2.　EPP	73
	4.4.3.　[+WH]	74
4.5.	まとめ	76

第 5 章　参加者の英語　音韻・形態　　81

5.1.	はじめに	81
5.2.	日本語の屈折形態素	83
5.3.	先行研究	85
5.4.	3 人称単数 –s	87
5.5.	過去形	89
5.6.	T-lowering と語彙挿入	91
	5.6.1.　PF インターフェイス	91
	5.6.2.　音韻形態素の具現化―日英語の違い	94
	5.6.3.　-s 対 -ed	96

5.7.	名詞の複数形屈折形態素 –s	97
5.8.	考察	99
5.9.	まとめ	104

補章　日本語母語話者の上級英語　　　　　　　　　107

むすび	117
参考文献	123
索引	135

第 1 章
本書の目的・背景

1.1. はじめに

　急速に進む国際化や情報通信技術の目覚ましい発達により，英語はグローバルコミュニケーションの共通言語としての役割をより確かなものにしつつあり，英語教育の機会は，国内にとどまらず，海外においても広く提供されるようになってきた。たとえば，ほとんどの大学のホームページ上には「国際交流」「語学研修」のボタンがあり，さまざまな英語留学の案内にリンクが貼られている。そして多くの学生が英語力の向上のため，アメリカ，イギリス，オーストラリア，カナダ，ニュージーランドに語学留学していることがうかがえる。これらは，多くの場合，語学学校や大学付属語学研修機関で実施する既製の英語プログラムへの短期留学である。

　一方，海外英語留学に関する研究も，具体的な内容紹介から簡単な調査結果に至るまでいろいろと発表されている (Ellis 1993, Kitao 1993, 鈴木 2001, Tateyama 2002, Du Fon and Churchill 2006, Cunningham 2006 参照)[1]。たとえば，Kitao (1993) は女子短期大学 1 年生 33 名が参加した 3 週間の夏期英語研修の成果について，2 回のアンケート調査の結果，学生たちは研修前に比べて英語力が向上したと感じ，また研修国アメリカやアメリカ人に対するイメージがよくなったと述べたと報告している。Takazawa (1995) は，女子短大生 39 名が参加した 4 週間のニュージーランド春期英語研修について，実際に教えた英語講師 6 名にアンケート調査と記述式調査をおこない，学生たちの学習上の大きな問題は「沈黙」「無口」「受身」であり，研

修前に「質問する」「意見を述べる」「コメントする」等の言語行動を指導すべきであるという結果を得た。竹田 (1998) は，3 ヵ月半という海外中期研修の成果を英語学習の動機と方略という側面から調査した結果，学習意欲について，研修後はたしかに向上するのだが，研修 6 ヵ月後にそれを維持することはむずかしく，また英語使用時の誤りを恐れず，誤りによって学習しようとする積極的な姿勢が重要であることを報告している。

また，橋本 (1992) はアメリカの大学で実施した 4 週間の海外英語研修の成果を総合英語力の向上の有無という点から調査した。その結果，参加した日本人大学生 24 名は研修前後に受験した Pre-TOEFL (70 分，500 点満点) の得点において，平均点が 406 点から 422 点に伸びたこと，また英語習熟度の上位及び中位グループのスコアが平均して 16 点向上したことを報告している。そして Tanaka and Ellis (2003) は，アメリカの大学での 15 週間英語研修に参加した日本人大学生 166 名について研修前後の TOEFL のスコアを比較し，平均点が 426.73 から 445.28 に 18.55 点向上したこと，そして文法は 2.48 点 (5.88%) 上達した一方，リスニングはわずかに 1.15 点 (2.65%) 伸びただけであったと報告している[2]。

このように，橋本 (1992)，Tanaka and Ellis (2003) を除くと，海外英語研修に関する研究報告のほとんどは参加者の英語学習に対する姿勢や意欲の変化，あるいは英語圏文化に対する理解度や容認度の向上といった，どちらかと言うと，参加者の心理的な要因あるいは社会文化的な側面について考察したものである[3]。Freed (1998) も指摘するように，海外英語研修の第 1 義的な目標である，参加者の英語力の向上について詳細に分析したものは少ないのである。もちろん，英語コミュニケーション能力には，言語の使用場面での適切さや文化理解 (Hymes 1972)，コミュニケーション方略能力 (Canale 1983) 等も含まれるのではあるが，その基盤となるものはやはり英語の言語能力にあろう。まして，「英語研修」であるのだから，参加者の英語力が向上したかどうかを調査するのは，必然的な教育課題ではないだろうか。

そこで本書では，私たちがこれまで 6 年間に渡って実施してきた 2 種類

の海外短期英語研修プログラムについて，その特色や具体的な内容を紹介し(第2章)，その研修成果に基づき，海外語学研修が英語力の向上に及ぼす効果について明らかにしたい(第3章)。考察は，これらのプログラムに参加した学生たちが研修前後に受けた団体ミシガンテストの結果と習熟度別に分類した英作文の誤りに焦点を絞り，日本語を母語とする英語学習者が直面する音韻・形態・統語の習得上の問題点を，最近の第2言語習得研究において注目されている「文法モジュールのインターフェイス」という視点から分析する(第4・5章)。これらの分析を通して，今後の研究の方向性を示すことができればと考える。

1.2. 海外留学の誤解

　本論に入る前に，海外への留学や語学研修に関してよく耳にする2つの誤解について触れておきたい(中山・吉村 2009 参照)。まず，一般に広まっている1つ目の誤解は，「海外留学しさえすれば英語がうまくなる，英会話が出来るようになる」という誤りである。「英語が話されている国に住めば英語ができるようになる」と思っている人たちが意外に多いのだが，外国語習得はそんなに容易に，そして首尾よく達成できるものではない。英語を用いて話さなければ，会話能力(スピーキング)は身に付かない。確かに，海外研修では英語を聞いたり，話したりする機会は増えるが，何が話されているのか，何が書かれているのかを理解するように努力しなければ，「できる」ようにはならない。海外語学研修においても積極的な学習が必要なのである。

　2つ目の誤解は，受験英語が役に立たなかったから，「海外語学留学で"生きた英語"を勉強したい」という誤りである。受験英語は無駄であったと考えるのは誤解で，むしろ受験勉強は中学・高校で勉強した英語の大切な復習の機会であったと捉えるべきである。つまり，受験勉強で得た語彙や文法は，語学研修における重要な基礎力として英語力の向上に役立つのである。

たとえば，先取りして述べておくと，私たちの海外短期英語研修では，受験勉強が終わったばかりの大学1年生の方が3年生や4年生よりも英語習熟度の伸びが顕著であった(詳細は第3章)。

　以上が海外語学研修に関してよく聞かれる誤解とその実態であるが，さて，そもそも，英語力を身につけるには本当に留学が必要なのであろうか。この疑問については，「海外研修には，そこでしか体験することの出来ない言語の実態に触れ，学習できる利点がある」と答えたい。英語が日常生活の中でどのように用いられているのか，背景にあるのはどのような文化であるのかを知るために，英語を使ってコミュニケーションしてみること。こうした目的のためには，実際に英語圏で体験学習する方が効率的であるのは言うまでもない。これが海外研修の大きな利点である。ただし，現実問題として，海外留学や研修は非常に時間が限られているので，目標に沿って適宜に学習内容を選択する必要がある点は強調しておきたい。

注
1　一般的な海外語学研修については，Freed (1993, 1995, 1998) を参照。また，本書では対象としないが，中学生や高校生の海外語学研修に関してはBrauer (2005) やSpence-Brown (1993) がある。
2　日本語母語話者のケーススタディー以外では，たとえば3ヵ月程度の研修成果の報告として，DeKeyser (1991) がある。
3　ホームステイにおける海外語学研修に関しては，Tarone et al. (1980) を参照されたい。

第 2 章
2 種類の英語研修プログラム

2.1. はじめに

　本章では，私たちがこれまで 6 年間に渡って実施してきた 2 種類の海外英語研修プログラム—静岡夏期英語研修プログラム (Shizuoka Summer English Program, SSEP) と静岡健康科学英語研修プログラム (Shizuoka Health Sciences English Program, SHEP) —について実際のカリキュラムや授業内容を紹介しながら，それぞれの特色について説明する。

　前章で述べたように，海外英語研修の最大の利点は，そこでしか体験することのできない言語の実態に触れ，「生で」英語を学習できることにある。英語が日常生活の中でどのように用いられているのか，どのような文化が背景にあるのか，等を実際の英語コミュニケーションを通して理解できる最高の機会である。特に，短期留学は特に時間に限りがあるため，その機会を効率よく利用しなければならない。したがって，目標に沿って学習内容を選択する必要がある。

　これらの 2 点を踏まえ，私たちは，日本の大学生と大学院生の英語力を短期間で効率的に伸ばすために，2 種類の英語研修プログラムを独自に開発した[1]。2003 年に開始した文系大学生のための夏期英語研修プログラム (SSEP)，そして 2007 年に開始した理系大学院生のための健康科学英語研修プログラム (SHEP) である。どちらも，アカデミックプレゼンテーション能力の向上を目指すプログラムである。参加者はそれぞれ 10 人前後とし，英語力の向上を測定するため，研修の前後にミシガンテスト (Institutional

Michigan English Language Assessment Battery (MELAB) の Michigan Test of English Language Proficiency (MTELP)（語彙，文法，リーディング），リスニング(LCT)，英作文(ITWE))を全員が受験することとした。

　以下では，これらの海外英語研修プログラムについて，その目的，研修内容，参加者，特色，留意点等を個別に，そして具体的に説明しよう。

2.2. 静岡夏期英語研修プログラム

　静岡夏期英語研修プログラム(SSEP)は，静岡県立大学国際関係学部の国際教育推進プログラムの一環として，同学部とオハイオ州立大学日本学研究所との相互協定に基づき，大学生の英語アカデミックコミュニケーション能力の向上のために特別に開発された海外短期英語研修プログラムである。2003年から毎年8月の3週間，アメリカ中西部の公立大学・オハイオ州立大学で実施されている。参加者は静岡県立大学の日本人学部生（日本語母語話者）で，他大学の学生，あるいは日本語非母語の学生はこれまで参加していない。過去5年間（2004年〜2008年）の参加者は計55名で，必ずしも英米言語文化専攻の学生ばかりではないが，1名を除いて全員が人文系の学生であった[2]。研修参加は選択制で，参加者は帰国後申請すれば，静岡県立大学から英語科目として2単位を取得できる。これまでの実績では，参加者全員がプログラムを無事修了し，2単位を取得している。研修後のアンケート調査の結果によれば，2006年以前の参加者は全員この2単位が大学卒業に必要ではなかったのに対し，2007年以降は参加者の多くが卒業に必要な単位の一部として取得している。これは参加者が1〜2年生中心となってきたこと，また単位取得の情報が浸透してきたこと，等が理由として考えられる。

　次ページの表1は2004年から2008年までの参加者数の内訳である。

表1　2004–2008年参加大学生の内訳

年	1年生	2年生	3年生	4年生	計	平均年齢
2004	0	4	3	1	8	20.2
2005	4	8	0	0	12	19
2006	6	4	0	1	11	19.3
2007	6	5	1	0	12	19.2
2008	5	7	0	0	12	19.3

表1からわかるように，参加者の学年が2004年と2005年以降では明らかに異なっている。これは，研修期間が就職活動の時期と重なる関係で，3年生はほとんど参加できない状態となり，参加するのは1，2年生か大学院を目指す学生に限られてきたためである。補足すれば，上記の参加者の中，2005年3名，2006年1名，2007年2名，2008年3名は研修前にアメリカを含む英語圏へ旅行，もしくは生活した経験があった[3]。研修期間中，参加者はキャンパス内の学生寮(2人部屋，シャワー・トイレ付)に滞在した(次ページ写真1)。

　日本のほとんどの大学が海外短期語学研修と称して実施しているものは，研修先がすでに実施している既製のプログラムに学生を送り込むものである。これらのプログラムの多くは学習者の母語に関係なく，一般的には，ESL(English as a Second Language)の授業で，市販のテキストを使用し，原則として4技能(リスニング・スピーキング・リーディング・ライティング)をスキル別に教える内容となっている。つまり，参加者の英語学習や異文化体験のニーズに対応できるよう企画したオーダーメイドのSSEPとは内容面で大きく異なる。この研修プログラムの立案の際には，類似したものが国内に存在しなかったため，まったく手探りの状態から始めることとなった[4]。しかし，当初から，研修内容，つまり「何に重点を置き，どのように学習指導するのか」という点に最も留意し，研修の目的をアカデミックコミュニケーション能力[5]の養成に絞ることにした。また，研修の成果―具体的に

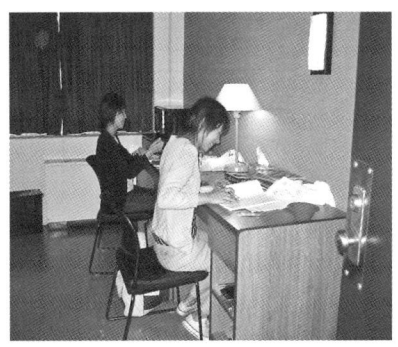

写真1　大学寮　　　　　　　　　写真2　授業風景

は，参加した学生が英語のどのスキルにおいてどの程度向上したのか—について適切に調査できるようなものにしたいと考え，参加者はミシガンテストを研修の前後に受けるように指導することにした。

このように，SSEPはオーダーメイドの海外語学研修プログラムとすることで，既製のものとは違った内容や活動を取り入れることができた。授業形態，コミュニティーサービス，課外言語活動，日常生活にその大きな特色を見出すことができる。以下では，それらについてもう少し細かく説明しよう。今後，類似の研修プログラムが企画される際の参考になればよいと考える。

2.2.1. 授業の特色

教室での授業は，アカデミックコミュニケーション能力の養成という観点から，文型練習や英会話のテキストを使用せず，ディスカッション，カレッジレクチャー，オーラルプレゼンテーションを基軸として，活発な対話型コミュニケーション活動を目指すことにした(写真2)。

実際の授業は，まず参加学生が各自の研修目標をクラスにおいて発表することから始まる。これは，研修の達成感を持たせるために，1人3つの個人達成目標を設定するように指示し，修了時にそれがどれだけ実現できたかを

発表させた。目標は，具体的に，そして研修期間中の限られた時間内に達成できるものにするように指導した。たとえば，「1日10人の人に英語で話す」とか「アメリカ人の友達を10人作る」とか「英語の映画を5本見る」とかである。具体的に数字を挙げることで，達成目標が身近なものとなり，自己評価が容易にできるため，研修の焦点がわかりやすく，そして明らかになったと考える。もちろん，すべての目標を達成できる学生もいる一方，1つあるいは2つしか達成できない学生もいた。

ディスカッションは，事前に配布されたプリントのトピックを中心に展開する。参加者は知らない単語を調べ，内容を理解するため図書館やインターネットで資料を検索して読む，といった予習が必要である。また，体験学習に基づくディスカッションもある。たとえば，オハイオ州の歴史をクラスで学習し，その後オハイオ州議会堂を見学する。あるいは近くのスーパーマーケットに視察に行き，日米のスーパーマーケットやショッピングの違いをレポートにまとめてディスカッションする。このように調査あるいは体験学習したことをクラスでレポートする時，参加者は事前に書いた原稿をなるべく読まないように指導される。このタスクは英作文をした上で，原稿を覚えなければいけないことから，かなり時間を要するものであったけれども，英語コミュニケーション能力の向上に非常に役立つ学習であった（詳細は第3章参照）。

さらに，SSEPがオハイオ州立大学の夏期休暇中の開催ということもあり，通常の授業に出席する機会がないため，大学教員や近郊在住の専門家による招待講義を実施した。これは英語による大学の講義の模擬体験である。この試みは，アメリカの大学での講義の雰囲気を経験する一方，英語の講義を聴講するのに何が足りないのかを実感することで，今後の英語学習への動機付けとなる。それぞれの年のトピックや担当者の選定については，日本の新学期が始まる時期に，両校の担当者で話し合っている。特に決まった選定基準はなく，例年，静岡県立大学からの要望—たとえば，グローバルな話題やアメリカの時事問題にして欲しい，あるいは日米の問題を聴かせたい—に

配慮して決められている。これまでの題材としては，「アメリカの教育システム」，「ボランティア精神」，「アメリカにおける日本事情」，「オハイオ州立大学の外国語教育」，「アメリカから見た中国」，「アメリカにおける日本の漫画」，「アメリカの大統領選挙」，「日系人の歴史」等が挙げられる。参加者は，初めは日本での授業態度に終始し，'沈黙'する傾向にあったので，講義中であっても理解できない点は質問し，講師に説明を求めるよう促した。その結果，講義によっては，参加者から質量ともにさまざまな質問が出て講義の時間が足りなくなってしまうということもあった。英語で質問することがむずかしく，怖いことではないこと，講義中でも理解できないことがあったらその時点で質問したり，発言したりすることが授業への積極的な参加を示すのだということ，等を実感できた点でこれらの招待講義は非常に有意義であった。

　その上，SSEPではリサーチプロジェクトを実施している。参加者が各自の研究テーマについて資料の収集や調査を行い，その成果をクラスで口頭発表する形態の学習である。具体的には，以下のように進められる。研修開始時に，参加者は研修期間の3週間で完成可能なリサーチプロジェクトを考えるように指示される。最初の週に，調査課題を決定し，その要点と問題に対するアプローチの方法等をレポートにまとめて提出する。テーマは参加者の自由選択なので，午後に行われる個人面談を通して担当教員から文献や資料について段階的な指導が行われ，インタビューやアンケート調査の準備をして行くことになる。目的に応じて，参加者はインターネット，キャンパスでのアンケート調査，カンバセーションパートナー（2.2.3.節参照）やホストファミリーへのインタビュー等，いろいろな調査アプローチを実際に英語で経験するのである。

　リサーチプロジェクトの成果は，研修修了時にクラスで口頭発表することになる。口頭発表は1人5分～10分のプレゼンテーションで，2008年のプログラムでは全員がパワーポイントを使って発表した。先にも述べたように，なるべく原稿を読まないで発表するように指導が行われる。したがっ

て，参加者は，第3週目になると，午後はプレゼンテーションの原稿を書き，スライドを作成し，内容を覚えるのに大忙しである。この自律学習では，カンバセーションパートナーによる英文原稿の添削と担当教員によるスライドのチェックが重要な位置を占める。書き英語を1対1で直してもらうわけであるから，効果が上がることは言うまでもない。そして最後に，クラスでのプレゼンテーションはビデオに収録される。このビデオは，州立大学から県立大学へ送付され，単位取得時の資料の一部となる。

これまでのリサーチプロジェクトで行われた研究テーマの一例を挙げておこう。

言語：英語の挨拶，英語のユーモア，アメリカの日本語クラスと日本の英語クラスの比較，アメリカの大学の外国語教育。
生活：宗教，アメリカ人と教会，アメリカの家庭，夏休みの過ごし方の日米比較，アメリカにおける日本の漫画の評価，アメリカのテレビコマーシャル，携帯電話，アメリカのコンビニ，量販店のウォールマート (Walmart) とターゲット (Target) の比較，女性雑誌の歴史，ODAの日米比較。
スポーツ：アメリカのスポーツ，プロ野球(MLB)，サッカー，空手，マーシャルアーツ。
飲食：アメリカの食文化，ファーストフードと健康問題，マクドナルドの日米比較，アメリカと緑茶，お茶とコーヒー(スターバックス)。
大学：アメリカの大学生，アメリカの女子大生のファッション感覚，アメリカの大学生のアルバイト，アメリカ人学生と留学生の関係。
オハイオ：オハイオステートフェア(Ohio State Fair)。

このように，テーマは多彩である。実質的に2週間程度の限られた期間内に，英語で資料を収集・分析し，結果をまとめてプレゼンテーションする，この企画はアカデミックコミュニケーション能力の向上に役立つ学習活動で

あったことがミシガンテストの結果から理解できる(第3章参照)。
　担当教員の印象では，参加者の直面した困難は大きく3つにまとめられるようである。第1に，リサーチプロジェクトでの調査方法。これは彼らが英語でこのような学習をこれまでに経験する機会がなかったためである。特に，収集した資料やデータを整理して，議論を展開して行くということが参加者にとって大きな困難であった。第2に，リサーチプロジェクトでのテーマ選択。日本語でも研究レポートをほとんど実践したことがなかったためか，学生たちが最初に選択したテーマはそのほとんどが具体的でなく，あいまいで漠然としたものだった。その結果，リサーチを進める過程でテーマを変更した学生もいた。第3に，アカデミックライティング。英語で要点を整理し論理的にまとめることは，日本の大学生にとってむずかしい作業のようである。日本での授業の中で，英語のレポートによく使用される文型，表現方法，用語がある程度学習されていれば，プロジェクトの内容にもう少し時間を費やすことができたのではないだろうか。アカデミックライティングの指導の必要性が強く感じられる。それから，学生は各自の持ち時間内でプレゼンテーションすることのむずかしさを実感していたようで，与えられた時間内に発表を終わらせようと，参加者は寮で何回も練習していた。

2.2.2. Passport to Japan Program

　SSEPのもう一つの特徴的な学習活動として，Passport to Japan Programがある。これは，コミュニティーサービスを通して学ぶサービスラーニングで，オハイオ州立大学周辺の小学校に通う生徒や日本学研究所のホームページを見て集まった小学生，あるいはオハイオ州立大学のCamp Recky (Summer Day Camp)に来る子供たちに，大学キャンパス，あるいは近くの図書館や学校で日本文化を紹介する国際交流活動である。学生たちの人数や参加する子供たちの人数によって異なるが，まず学生はいくつかのグループに分かれて，子供たちが習字，剣道，折り紙，けん玉(写真3)を実施したり，浴衣を着たり，おにぎりを作ったり，日本語の表現を練習したり，紙芝

写真3　けん玉の体験学習

写真4　日本語の表現練習

居を見たり，日本語の表現を練習したり(写真4)等の体験学習ができるように，事前に準備をする。当日はこれらの活動について子供たちに口頭で説明することが必要となるので，学生たちは内容を間違いなく伝達できるように，事前に英語で説明を書き，暗記し，予行練習する。

　Passport to Japan Program にやってくる子供たちはまったく日本語がわからないし，好奇心にあふれている。これまでの実践では，次から次へと，予測もしない質問が出て，参加者を困惑させる場面が多々あった。子供たちの英語を理解するのにも苦戦させられる。参加者がこのようなサービスラーニングの意義を理解し，日本では体験できないような英語学習の楽しさを実感できれば，この企画は成功である。

2.2.3.　カンバセーションパートナーとホームステイ

　SSEP では課外言語活動の一環としてレジデントアシスタント，カンバセーションパートナー，ホームステイをプログラムに積極的に取り入れている。レジデントアシスタント制度は，キャンパス寮での生活の向上と多文化共生生活上の問題や悩みへの対応という目的で，平日の夕方6時から朝8時まで，ネイティブスピーカーの学生に参加者と同じ寮に滞在してもらうものである。参加者の半分以上が女性であることが多いので，例年，女性のオ

ハイオ州立大学生を雇用している。学生たちが寮生活で困った時（たとえば，寮の電話やコインランドリーが使用できなくなった時，薬など急な買い物が必要になった時）ばかりでなく，時間の許す限り，学生といろいろなことについて雑談をして，インフォーマルな英語コミュニケーションの練習ができるように心がけてもらっている。炊飯器でご飯を炊いてみんなでいっしょに食事をしたり，ゲームや日本の話をしたり，参加者はあまり時間をかけずに，レジデントアシスタントと英語で楽しい時間を過ごせるようになる。

　カンバセーションパートナー制度は，日常英語の練習と文化学習の促進を目標に考えられたものである。参加者1人にネイティブスピーカー1人が割り当てられ，最低週6時間をいっしょに過ごす。この制度は有料（週50ドル）で，希望すれば，参加者は全員この制度を利用することができる。カンバセーションパートナーには，日本語を勉強しているオハイオ州立大学の学生や日本に行ったことのある社会人が応募してくれることが多い。原則として，研修の初日に参加者をカンバセーションパートナーに引き合わせる。それ以降は，いつ，どこで，どのように会って話をするのかは当人同士の都合に任されることになる。

　プログラムの開始から1～2年間は，カンバセーションパートナーについて，単に遊び相手だと勘違いしたり，期待があまりに高すぎたり，性格的に合わなかったり，等の私たちが予想もしなかったような問題が起こった。しかしながら，制度を動かしながら試行錯誤した結果，最近ではシステムとして確立しつつあり，円滑に機能するようになった。たとえば，参加者が当初選定されたカンバセーションパートナーに何らかの理由で満足できないということがあれば，早い段階で変更願を提出するように指導した。一方で，候補者として同年代の大学生を選定することで，参加者から不満が出ないように努力した。その結果，最近では，カンバセーションパートナー制度をプログラムの最大の魅力の1つとして挙げる参加者が増えるようになった。ただし，参加者の英語習熟度によっては，このような手取り足取りのサポー

トが必ずしも理想的なものでないことには留意しておく必要がある。「自律」と「支援」の適切なバランスが語学学習には望ましいのである。

　最後に，ホームステイについて見てみよう。SSEPで実施しているのは，週末のホームステイである。この制度は，アメリカ人の家庭に週末滞在することで，アメリカの家族関係や家庭生活を少しだけでも体験できるように，また週末に日常英語が練習できるように，計画されたものである。ホストファミリーは，ボランティアで，ホームステイに慣れている家庭や日本に興味のある家庭が候補となっている。ホームステイの最大の利点は，キャンパスの外に滞在し，家族といっしょに近郊の町にドライブやショッピングに行ったり，レストランに食事に出かけたり，アメリカの日常生活が英語で体験できることであろう。したがって，参加者の満足度も高い。

　ホームステイを実施する上で問題となるのは，参加者の喫煙の有無，健康上の問題（たとえば，アレルギー等），食べ物の好き嫌い，小さな子供の好き嫌い等で，参加者とホストファミリーの組み合わせにはけっこうな時間を要する。また，カンバセーションパートナー制度と同じく，参加者側に過度の期待があると，必ずしも満足とはならず，不満が出てくることもある。しかしながら，参加者の多くが研修後もカンバセーションパートナーやホストファミリーと電子メールやフェイスブック等で連絡を取り合うなど，国際交流が継続していることは喜ばしいことである。

2.2.4. アンケート調査の結果

　以上，SSEPの特徴をいくつか概略的に説明してきたが，最後に，研修の具体的なスケジュールを概観し，参加者へのアンケート調査の結果を考えてみたい。

　基本的なスケジュールは，平日は週5日，午前中3時間，2.2.1節で述べたように，教室でディスカッションやクラスレポートを通してイントラアクティブにアカデミックイングリッシュを学習し，午後はアメリカ人のカンバセーションパートナーと日常会話を練習する。そして週末には，ホームステ

イに出かけて行き，アメリカの家庭生活を「英語で」体験する。カリキュラムは，以下に示すように，自己発信できる英語力の養成に繋がるように詳細に企画されている。

第1日（日曜日）　大学到着後，キャンパス寮に入寮。寮の周辺を散策。
第2日（月曜日）　オリエンテーション，自己紹介，学生証取得，キャンパスツアー。市バスを使ってスーパーへ買い物。カンバセーションパートナーに会う。
第3日（火曜日）　ミシガンテスト。
第4日（水曜日）　プログラムの目標，プレゼンテーションのための研究のテーマについて説明。日米の大学生活についてディスカッション。キャンパスでのスカベンジャーハント（Scavenger Hunt）[6]。
第5日（木曜日）　スカベンジャーハントの結果発表。スモールトーク（small talk）[7]とホームステイについて説明。3つの達成目標の発表とそれらについての質疑応答。個人研究の発表に必要な事項の説明。パスポートプログラムの説明。
　　　カンバセーションパートナー，ホストファミリーとともに歓迎ピクニック。
第6日（金曜日）　特別講義1（例―漫画）とディスカッション。ホームステイについて再確認。
第7～8日（土・日曜日）　ホームステイもしくは自由行動。
第9日（月曜日）　特別講義2（例―アメリカ大統領選挙）とディスカッション。
第10日（火曜日）　オハイオ州の歴史。ダウンタウンへのフィールドトリップ（市立図書館や州政府議事堂見学）。
第11日（水曜日）　ショッピングやスーパーマーケットについての課題復習。和製英語についての学習，パスポートプログラムの準備。
第12日（木曜日）　特別講義3（例―日系人の歴史）とディスカッション。

第 13 日（金曜日）　Passport to Japan Program.
第 14 〜 15 日（土・日曜日）　ホームステイまたは自由行動。
第 16 日（月曜日）　ホームステイ，パスポートプログラムについての感想や意見の交換。スーパーマーケットの日米比較発表。
第 17 日（火曜日）　映画レポートの発表。
第 18 日（水曜日）　個人目標達成度とプログラム評価の発表。
第 19 日（木曜日）　ミシガンテスト。
第 20 日（金曜日）　リサーチプロジェクトのプレゼンテーション。修了式。さよならパーティー。
第 21 日（土曜日）　帰国。

　研修修了時に実施したアンケート調査の結果によると，学生たちは参加の理由として，①将来のキャリアのため，②旅行の楽しみ，③大学の友達と一緒に海外研修できること，④友達を作れること，そして⑤オハイオ州立大学で勉強できること，を挙げた。つまり，同じ大学の学生たちと一緒に安心して英語学習と海外旅行ができて，さらに単位が取得できキャリア形成に役立つ点で，SSEP は人気があるようだ。

　さらにアンケート調査の結果からわかったことは，参加者の生活面のサポートとしてレジデントアシスタントを寮に滞在させたことが参加者にとって大きな手助けとなったことである。一方，参加者が一番苦労をしたのは，日本のようにコンビニが近くにないこと，そして食費の節約のため[8]，日常の食生活がファーストフード中心になってしまったことのようである。このことは，親元を離れて 1 人で生活するのが「初めて」という学生が多かった点が影響したものと考えられる。

　またアンケート調査では，「英語力」に関して，カリキュラムで目標としたスピーキング力とリスニング力が伸びたこと，アメリカ文化がより深く理解できたこと，プログラム参加前より自分の英語に自信が持てるようになったこと，等を研修成果として挙げていた（客観的な英語力向上については，

第 3 章で詳述する）。それから，カンバセーションパートナーと過ごした時間がとても有意義であったと感じているようである。これは，英語の練習が 1 対 1 で個人的にできたこと，また買い物やパーティや映画などを一緒に楽しむことができたことで，このような高い評価となったことが考えられる。学生たちの中には，研修期間中におこなったミシガンテストについて，自分の英語力のレベルを客観的に知ることができたのはよかったと述べた学生もいた[9]。

　プログラムの改善点としては，3 週間という短い研修期間の中にいろいろな活動を詰め込み過ぎたのではないかとの指摘が見られた。生活習慣も異なった海外での研修が 3 週間というのはやはり短すぎるのである。やっと生活に慣れた頃に研修プログラムが修了となってしまうというのが実感のようで，英語での生活を十分に楽しむまでに至らず，また自分の英語力が思ったように伸ばせないといった現実問題に直面することになる[10]。このように，改善しなければならない課題がまだ残されてはいる。とはいえ，参加者全員がプログラムに参加したことに対して非常に満足したと述べている点を記しておきたい。

　以上が学部生対象の SSEP の特色と参加者によるアンケート調査の結果である。次に，理系大学院生対象の，もう 1 つの海外英語研修プログラムについて見てみよう。

2.3. 静岡健康科学英語研修プログラム

　静岡健康科学英語研修プログラム（SHEP）は，静岡県立大学グローバル COE「健康長寿科学教育研究の戦略的新展開」（http://gcoe.u-shizuoka-ken.ac.jp）の教育推進プログラムの一環として，同大学言語コミュニケーション研究センターとオハイオ州立大学アメリカンランゲージプログラム及び日本学研究所のコラボレーションで開発された海外英語研修プログラムである。静岡県立大学薬学研究科と生活健康科学研究科の博士課程後期の大学院生を

対象に彼らの英語コミュニケーション能力，特にアカデミックプレゼンテーション能力の向上を目的とする。これまで2007年と2008年の2回実施されたが，研修期間がそれぞれ異なるので，ここでは別々に説明することにする[11]。

2.3.1. 3週間プログラム（2007年）
カリキュラム概要

　プログラムの初年度は，グローバルCOEの実施1年目で，準備期間等の問題のため，当初の予定であった夏期6週間の研修期間をオハイオ州立大学の冬期休暇中の3週間（12月3日〜21日）に短縮して実施された。参加者は学内選考の上，10名となり，学内の寮が手配できなかったため，キャンパスに近いホテルに滞在することになった。授業は，オハイオ州立大学の附属語学研修機関・アメリカンランゲージプログラムの前ディレクターで，英語教育に経験豊かな講師が担当した。一方，日常生活に関しては日本学研究所がサポートした。

　カリキュラムは，SSEPと異なり，週4日，午前中は以下のようなテキスト4冊を用いて英語の4技能—リスニング，スピーキング，リーディング，ライティング—を総合して学習する統合授業（integrated approach）が中心で，使用テキストは以下の通りである。

［使用テキスト］

Seal, Barnard (1997). *Academic Encounters:Human Behavior*. Cambridge: Cambridge University Press.

Richek, Margaret A. (2007). *The World of Words* (7th edition). Boston: Houghton Mifflin Company.

Hagan, Stacy A. (1999). *Sound Advice* (2nd edition). London: Longman.

Morley, Joan (1976). *Listening Dictation*. Ann Arbor: University of Michigan Press.

授業内容は，SHEPの目的である「薬学・健康科学の博士後期課程の大学院生が国際学会等で円滑に研究発表や学術交流ができるように英語コミュニケーション能力の向上を図ること」に沿って，英語プレゼンテーションの実践的な方策，技術，展開の修得を目指した。静岡で事前に受けたTOEFL-ITPテストの結果を参考にクラスレベルやシラバスを設定した。しかし，参加者のほとんどが大学1～2年生以降，英語を系統立てて学習していなかったため，基礎英語力の復習をしながら，段階的に表現力をも向上させていく方向で授業を進めて行った。特に，「生」の英語にほとんど接してこなかったため，リスニング力の不十分さが顕著で，授業では特に英語の子音と母音の連結の練習やセンテンスレベルのディクテーションを実施した。この学習は参加者にとって非常に役に立ったようである。

　プレゼンテーション力の向上のために，金曜日は個人面接授業とし，各自の研究に関する口頭発表の準備に当てた。発表の準備，特に原稿に沿って発表するスピーキングの練習を行った。努力の結果，研修最終日に行った口頭発表は研修直後の英語習熟度レベル，また3週間の短い研修期間から考えると，満足できるレベルであったと言える。ただし，参加者の多くが感じていたように，これまで英語での口頭発表を実際に経験したことがなかったので，3週間ではやっと英語のエンジンが調子よく動き始めたところで研修が修了することになってしまい，「もったいない」と感じたのも事実である。

　また，参加者の専門分野を考慮して，オハイオ州立大学及び近郊の大学から講師を招待し，薬学と健康科学に関連する特別講義を3回実施した。それに加えて，参加者は事前に面談の予約をして，オハイオ州立大学の研究室—たとえば，薬学，食品科学，応用薬学，栄養科学—を訪問して院生や先生たちと意見交換をした。栄養学科を訪れた参加者は，大学病院も見学した。ただし，これらの活動も冬期の3週間のため，時間的に制約されてしまった。また，全米各地で開催されていた［BODY］（人体）の展示会を訪れる機会もあった。

アンケート調査の結果

　研修修了時に実施したアンケート調査結果によると，院生たちがプログラムに参加した理由として，①同じ大学の学生と一緒に海外研修したかったこと，②将来のキャリアのため，③プログラムの経費，④旅行の楽しみ，⑤教授に薦められたこと，等があるようだ。グローバルCOEプログラムの一環であるため，研修費の個人負担が少ない点や教授からの推薦が学部生中心のSSEPとは異なっている。そして，大学院生たちが一番苦労をしたのは「英語が聞きとれなかったこと」であったことがわかった。このリスニング力の不足の問題については，SHEPに参加する以前に練習することである程度解決できるのではないかと考え，参加する前に静岡で，iPodで英語ニュースを聞くトレーニングを行ってあった。しかし，量的に不十分だったようである。また，ある参加者は研修期間中に「英会話」を学習したかったと述べていたが，SHEPの本来の目的，つまり科学英語力の向上を十分に周知する必要があったかもしれない。

　参加した大学院生たちは基礎の英語コミュニケーション能力の習得も必要なので，カンバセーションパートナー制度の活用が望ましいと感じられた。同時に，アメリカの学生との交流という点から，研修期間中の滞在先としてキャンパス内の寮の確保が望ましいということもわかった。

　詳細は第3章で述べるが，全般的に2007年は3週間という短い研修であったにもかかわらず，何より大きな成果として指摘できる点は，参加者が英語コミュニケーションに対してある程度の自信と積極性が持てるようになったことである。最初は，「何をどのように言ったらよいのか」がわからなかったようであるが，研修が進んで行く過程で，あいさつ，教室での質問，日常的な話，研究トピック等についてあまり躊躇しないで，積極的にコミュニケーションを働きかけることができるようになった。また，ディクテーションが非常に役に立ったことがアンケート調査結果からわかる。英語の基礎力（単語・文法・リーディング）及びリスニング力には顕著な伸びは見られなかった。これは，研修期間が3週間であったこと，また参加者の英

語学習上の空白があまりに長かったこと，等が主な要因として考えられる。一方，作文においては顕著な伸びが見られた。これは，プレゼンテーション学習が意見を短時間に，論理的に整理し，発信するために効果的な練習となったことを示唆している。そして，午前中は英語のクラス，午後は自分の専門領域に関してある程度時間を費やすこと(特に研究室訪問)ができたのもプラスに働いたようである。

2.3.2. 6週間プログラム(2008年)

第2回目の実施となった2008年は，当初の計画通り，研修期間を6週間(6月16日～7月25日)とした。前年度終了時から時間をかけて準備を行ったこともあり，教育研究的にも，またプログラムの実施面でも，円滑に進んだ。

<u>事前準備と研修内容</u>

まず，県立大学内の英語科目の設置と充実により，参加者の英語学習に対する動機づけや意欲，向上心等を高めることができたことがよい結果に繋がった。また，前年度と同じ講師が担当できたので，SHEPの参加者の研修目的，ニーズ，英語学習上の困難点などに関する予備知識と実質的な経験に基づいてシラバスや教材の改善と工夫ができた。さらに，研修期間がオハイオ州立大学の夏季休暇期間中の6週間であったことで，キャンパス内の大学寮が利用でき，日常会話の練習のためのカンバセーションパートナー制度の導入，週末のホームステイの実施，ポスター発表の実践練習等が可能となったことは，非常に有益であった。

静岡県立大学の産学連携室に海外研修の窓口を設けることができたことも2008年度のSHEPの円滑な運営に繋がった。特に，参加者との連絡，オハイオ州立大学のコーディネーターとの情報交換，参加者への情報の提供，TOEFL-ITPの受験，SHEPの静岡でのオリエンテーションの開催，等が実施できたことは非常によかった。また，その年の5月に開催したグロー

バル COE・領域 5 のワークショップ Teaching and Learning Scientific English に参加するためにオハイオ州立大学のコーディネーターとアメリカンランゲージプログラムの所長代理が静岡を訪れた際に，参加予定者と直接会って，SHEP や英語学習に関するいろいろな質問に答えることができたこともプラスの要因となった。

　参加者は 8 名で，英語の平均習熟度は 2007 年よりやや上のレベルであった（テストスコアの分析については，第 3 章参照）。授業の進め方や指導方法は前年とほぼ同じであったが，前年度より参加者のモチベーションが高かったように思える。この点は，たとえば，参加理由として，将来のキャリアにとってオハイオ州立大学での英語研修が役に立つと答えた参加者がいたことからも理解できる。つまり，将来の職業にとって英語が重要であるという参加者の共通理解に基づき，国際会議での効果的なプレゼンテーションを目指して，英語力の習得に多くの時間を費やすことができたようである。これは，2008 年が 2 回目の実施で 2007 年の参加者からの体験談によって事前の準備ができたことも影響しているのではないかと思われる。また，アメリカ人のカンバセーションパートナーとの 1 週間最低 6 時間の英語コミュニケーショントレーニングや週末のホームステイは，参加者にとって日常会話などの練習だけでなく，アメリカ文化や社会を理解する上でもよい機会を提供してくれたようである。また，キャンパス内の学生寮に 6 週間滞在できたことも，図書館の利用やインターネットへのアクセス等を考えると便利であった。このような学習上と生活上のプラス要因が相互的に作用して，授業に積極的に参加し，英語でコミュニケーションを図ろうとする姿勢の向上に繋がったのではないかと考えられる。

　以下は，2008 年 SHEP のスケジュールの概略である。

第 1 日（日曜日）　大学到着後，入寮。周辺探索。
第 2 日（月曜日）　オリエンテーション，自己紹介，学生証取得，キャンパスツアー。その後，市バスを使ってスーパーマーケットへ買い物。カ

ンバセーションパートナーに会う。

第3日(火曜日)　ミシガンテスト

第4日(水曜日)　授業開始。自己紹介，コンピュータープログラムの練習。午後 SPEAK テスト[12]。

第5～6日(木～金曜日)　午前中授業，午後 SPEAK テスト。

第7～8日　週末・自由行動。

第9～13日(月～金曜日)　午前中授業。

第14～15日(土・日曜日)　週末・自由行動。

第16～19日(月～木曜日)　午前中授業。

第20日(金曜日)　個人指導。

第21～22日　ホームステイまたは自由行動。

第23～26日(月～木曜日)　午前中授業，特別講義1，2。

第27日(金曜日)　個人教授。

第28～29日(土～日曜日)　ホームステイまたは自由行動。

第30～33日(月～木曜日)　午前中授業，特別講義3。ポスタープレゼンテーション。

第34日(金曜日)　個人指導。

第35～36日(土・日曜日)　郊外へ小旅行。

第37～40日(月～木曜日)　午前中授業。

第41日(金曜日)　個人リサーチプロジェクト発表。修了式。さよならパーティ。

第42日(土曜日)　帰国。

<u>カリキュラムの概要</u>[13]

　次に，カリキュラムに関して詳しく見て行くことにしよう。6週間の研修では，リスニング，スピーキング，プレゼンテーション，ディスカッションのスキル向上に指導の力点を置いた。特に，学習内容は可能な範囲において健康科学の分野に関連したものを取り扱い，参加者たちの研究はプレゼン

テーションのトピックとして活用された。テキストは，昨年のものと同じものを使用した。

　授業は月曜日〜金曜日の週5日，1日午前中の3時間であった。さらに，プレゼンテーションに関して個人指導を行うため，研修期間中にチュートリアルを1人に対し3回，金曜日に実施した。主な学習活動は以下の通りである。

［リスニング・発音練習］— *Listening Dictation* の練習問題はクラスで終了させ，参加者は音声テープ等を利用して追加の練習問題を各自それぞれ行うよう指導した。リスニング力，発音，流暢さの向上を図りつつ，基本文法の復習を行った。また，*Sound Advice* を用いて，英語の理解に欠かせない音の強弱，リズム，連続した音の結合の練習もおこなった。県立大学よりiPodを持参し，ニュース等を録音してリスニングの練習に役立てた。専門用語でも発音されると分からない場合が多々あったが，これは文献を読んでスペルがわかっていても，黙読では実際の音を聞いていないためである。発音の練習が重要である。

［招待講師による講義］—長い講義での理解力の向上を図るため，録音された会話とともにアカデミックレクチャーを積極的に活用した。研修後半の2週間は，3名による招待講演（健康科学関連— The safety of dental amalgam, Cancer, Enzymes）を開催した。講演では，レクチャーの後，参加者からの質疑を募り，ディスカッションへと展開して行くように配慮した。
　また，オハイオ州立大学大学病院の医療リハビリテーション施設を見学した際，英語での説明を受けたが，これは長い時間英語を聴く，よい練習となった。

［スピーキング］—正確なスピーキングの練習は，専門用語がプレゼンテーションで正確に発音できるように，参加者の研究分野からのキーワードにつ

いて音声練習した。さらに，*Academic Word List*（Coxhead 2000）から単語を選択して，発音練習した。また，スピーキングの流暢さと自信を高めるため，毎週数回，物語の作成，グループ同意活動，即興スピーチ等を行った。

［リーディング・ディスカッション］―アカデミックな話題について議論する力を促進するために，*Academic Encounters*からの論文について小グループでのディスカッションを実施した。特に，以下の場合に役立つ機能語句や表現―たとえば，「理解できないことを示す」「他者の参加を促す」「同意する」「反対する」「話題の転換」「議論を前に進める」「不明点を確認する」「意見を述べる」―を練習した。参加者は，ディスカッションリーダーとしての言語活動も練習した。また，英語の談話構成の学習として，順不同の文を段落に組み立てる練習もした（写真5）。

［プレゼンテーション］―参加者はプレゼンテーションを5回行った。①各自がインターネットから探した論文の概要の発表を2回，②参加者の研究分野で用いる概念の説明，③研究プロジェクトのポスター発表，④参加者の研究概要の紹介（一般者対象にして）。効果的なプレゼンテーションのスタイルや方略に学習の焦点を絞り，テーマの導入方法，使用する概念や用語の定

写真5　授業風景　　　　写真6　プレゼンテーションの練習

義方法，聴衆への配慮方法，そしてスライド等の使用方法を学習した。特に①と③に関しては，チュートリアルにて1人ひとり個別に復習を行うと同時に，最終的なプレゼンテーションの事前練習も行った。なお，最終プレゼンテーションには，州立大学プログラムコーディネーター，アメリカンランゲージプログラム責任者，県立大学プログラムコーディネーターが参加して活発な質疑応答を行った（写真6）。

［単語］― *The World of Words* から資料を作成し，単語力の強化を意味と発音の両面から行った。

［ライティング］―参加者はそれぞれのプレゼンテーションの要約を作成した。その中で生じた単語や文法の間違いについては，担当講師が添削をした。ただし，ライティングに割けた時間は十分だったとは言えない。

ポスター発表と研究室訪問

　プレゼンテーションのために毎週金曜日に個人面談を実施していた講師から，参加者の学習到達度に基づいた提案があり，当初は予定されていなかったポスター発表が追加実施された。ポスター発表当日は，秋からアメリカの大学や大学院に入学する予定の留学生とアメリカンランゲージプログラムの英語講師が多数来て，発表者に質問をした。参加者はある程度円滑に質疑応答が出来ていたようである。SHEPに参加する前に見られた，質問がわからない時に「沈黙する」ということはなく，どうにかして適切に答えようとする積極的な姿勢がそこに見られた。このように，2008年の6週間研修の方が2007年の3週間のものと比べて参加者の英語力の自信の向上により効果的であったことは言うまでもない。

　その上，研修期間が6週間であったことで，参加者はいろいろな研究室を訪問することができた。訪問した研究室は10室以上あり，加えて，James Cancer Hospitalやオハイオ州立大学大学病院の実験室やリハビリ施設を見

学し，参加者たちは日本の施設や設備と大きく違うことに驚いていた。

<u>2007 年度との比較</u>

　2008 年度は参加者のプログラム開始時の英語力が前年度の参加者より高かったが，これは，2007 年度より学内で開始された科学英語の科目を履修し，英語の学習を事前におこなっていたことを考えれば，理解できる結果であった。つまり，SHEP への準備がより整っていたわけである。6 週間の研修を通して，基礎英語力(語彙・文法・リーディング)やリスニング力が伸びたことはもちろんであるが，この研修の目的である「論理的な発表力」と「スピーキング力」が伸びたことを強調したい。まず，発表力であるが，発表の概要を示し，研究問題を明らかにし，例を示して説明をするという内容で，発表構成が上達した。また，2008 年度は SPEAK (300 点満点) というオーラルコミュニケーション力を測定するテストを導入したが，その結果によると，平均 82.5 から 111.3 へ伸びたことがわかる。しかしながら，このテストは通常 100 点以上のスピーキング力の学習者を対象に開発されたものであるから，SHEP の参加者はスピーキングに困難を抱えているとう点に留意する必要がある (第 3 章参照)。この点を克服するためには，通常の授業においてのスピーキングの学習を重点化する必要がある。

　研修期間は 3 週間より 6 週間の方がより効果的であることはもちろんであり，滞在先やホームステイ等を考えれば，夏期の実施が望ましい[14]。そして，カンバセーションパートナー制度の継続は参加者のオーラルコミュニケーション力の向上にとって特に重要である。また，SHEP に参加する前に，基礎英語力の復習，リスニング力の訓練，スピーキング力の向上を図れるような演習を日本において提供することが必要であることも強調しておきたい。そのためには，SHEP を特別な行事として位置づけるのではなく，教育システムを再構築し，理系大学院生のための英語教育課程の中で有機的に活用できるようにすることが望ましい。そして，第 3 章で説明するように，参加者の英語力向上への動機づけと継続的な努力も必要になってくる。

2.4. まとめ

　以上，私たちの2種類の取組みはこれからの海外短期英語研修にとって参考になる点を数多く示唆しているように思われる。まず，SSEPとSHEPの両方とも習熟度別によるクラス分けは実施していないが，一定の成果は上がっている。このことは，少人数の海外短期語学研修プログラムを実施する上で避けることのできない問題—すなわち，複数の習熟度レベルの学習者による同一クラス編成—について解決に繋がるような指針となるのではないか。詳細は第3章に譲るとするが，テストの結果を見る限り，習熟度レベルの異なる参加者は同一クラスにいながらそれぞれの英語力を上達させている。この点は，アンケート調査結果によると，参加者自身も感じていたようである。ただし，精神的には(特にこれはSSEPに見られたのであるが)自分の英語力(特にスピーキング)が低く，他の参加者の足を引っ張って迷惑をかけているのではないかと悩んだ学生がいたことも事実で，一定の配慮は必要であろう[15]。また，研修期間中に利用できたカンバセーションパートナーや週末のホームステイは，英語学習への意欲や英語力の自信の向上，そして英語コミュニケーションに対する積極的な態度の育成に役立った。このような制度や機会をプログラムの中に積極的に取り入れることの有益性も示されているように思える。このような交流制度をプログラムの中に組み込むことを推奨したい。

注

1　これらの2種類の海外研修プログラムについては，これまでいろいろな機会に発表してきた(澤崎・吉村 2005, 澤崎・吉村・中山・寺尾 2006, 吉村・中山・澤崎 2006, Yoshimura and Nakayama 2008, Nakayama and Yoshimura 2008a, b, c, 中山・吉村 2009)。本章は，それらをもとに，大幅に加筆修正し，新たな章に構成し直したものである。

2　基本的には，国際関係学部との協定であったが，全学の学生を受け入れた。英米言語文化専攻の学生が他の学科や専攻の学生より，研修開始時の MTELP スコアが必ずしも良いとは限らなかった。なお，本書の分析には英語研修プログラム最初の年で MTELP を施行しなかった 2003 年の SSEP に参加した学部生 12 名と 2003 年から 2008 年までの SSEP に参加した大学院生 6 名は含まれていない。

3　ただし，オハイオ州は初めてであった。

4　試行錯誤の連続であったが，「まえがき」に書いたように，オハイオ州立大学で日本語を学習している学生のために神戸松蔭女子学院大学で行っている春季日本語プログラムとオハイオ州立大学の日本学研究所が日本の若手教員の国際理解のために行ってきたプログラムの経験から得たノウハウが活用できた。

5　アカデミックコミュニケーション能力とは，学業の遂行に必要な学習言語能力（たとえば，意見や考えを論理的にまとめ，発表できる言語力）を指す（Cummins 1981, 1984）。注 9 参照。

6　スカベンジャーハントはキャンパス内やその周辺をよく知ってもらうことと英語を使うことを目的とし，学生をグループ別に分け，どれだけ早く課せられた事項を達成して出発地点まで帰って来られるかを競わせるゲームである。たとえば，ある場所を探して写真を撮って来る，レストランでお昼を食べ，そこのナプキンを持って帰って来る，アメリカ人と話をして写真を撮って帰って来る，等が内容として含まれる。日本からキャンパスに着いたばかりで，時差ぼけの中，早くキャンパスを知って，英語に慣れるのには効果的である。

7　英語圏の国において，知らない人同士はややもすると沈黙に陥りがちであるが，その時に失礼にならないように行う軽い日常会話（天気など）のことをスモールトークと言う（EnglishClub.com 参照）。

8　研修費用の中に食費は含まれていない。

9　日常会話のための生活言語能力（Basic Interpersonal Communicative Skills）と学業の遂行に必要な学習言語能力（Cognitive Academic Language Proficiency）とでは，習得に要する時間も異なる。アカデミックコミュニケーション能力の養成を目指すプログラムにおいては，特に留意されるべき問題であることを付記しておきたい（Cummins 1981, 1984）。

10　しかしながら，現在のところ，両大学のスケジュールの関係で研修期間の延長はむずかしい。

11　本書の草稿段階で 2009 年度の SHEP は実施された。期間は 6 週間（6 月 22 日～7 月 31 日）で参加者は 6 名であった。研修スケジュール，カリキュラム，学習活動等は 2008 年のものとほぼ同じ内容であった。なお，2010 年も同様の日程で実施する予定

である。
12 SPEAK は Speaking Proficiency English Assessment Kit の略。アメリカの Educational Testing Service (ETS) が開発した，英語非母語話者のスピーキング力を測定するテスト (300 点満点)。
13 このカリキュラム概要は Holschuh 講師の報告書に基づく。
14 しかしながら，参加者は英語力の向上には 6 週間でも短いと感じていた。
15 海外研修の心理的な影響に関しては，Ayano (2006) 参照。また，参加者の心理的な側面に配慮した研修プログラムの構築に関しては Cunningham (2006) 参照のこと。

第 3 章
参加者の英語　テストスコアの分析

3.1. 英語力の向上

　第1章に述べたように，海外英語研修プログラムの主たる目的は「英語力の向上」である。したがって，必然的に調査しなければならないのは，SSEPとSHEPに参加した学生たちの英語力は本当に向上したのであろうか，また4技能の中でどのスキルが伸びたのであろうか，という2つの重要な問題である。本章では，これらの疑問について客観的な資料に基づき考察する。

　研修プログラム参加者の選抜は，SSEPの場合，ネイティブ教員による面接を実施するが，これは形式的なもので，基本的には希望すれば，ほぼ全員が参加することができる。一方，SHEPは公費による海外研修派遣となるので，希望者はTOEFL-ITPを事前に受験し，ネイティブ教員，関係する2つの大学院研究科の代表者，プログラムコーディネーターの4名による1人20分程度の英語面接を受けることが義務付けられている。原則として，TOEFL-ITPのスコアが450点以上，そして基礎的なオーラルコミュニケーション能力をある程度習得している者を参加者として決定する。

　SSEPとSHEPに参加した学生たちは研修期間中に2回団体ミシガンテストを受けた。時期は研修開始2日目と研修修了の2～3日前であった[1]。ミシガンテストのMTELP (Michigan Test of English Language Proficiency) は，100問の多肢選択式質問形式のテストで，その中，40問が文法の問題，40問が語彙の問題，そして20問が読解の問題である。加えて，リスニング

テスト(Listening Comprehension Test=LCT)や英作文(Institutional Test of Written English=ITWE)を行った。作文は 30 分の時間内であたえられたテーマについて自分の考えや意見を書く課題形式のもので，その成績は以下(1)に Educational Testing Service(ETS)の設定する Test of Written English Guidelines(スコアは 1(低い)〜 6(高い))に基づき評価される。なお，参加者が受験した研修前後の 2 回の作文の課題は 2007 年の SHEP を除いてそれぞれ異なるものであった。

(1)　TWE スコアガイドライン(ETS)(概要)

スコア	
6	ときどき誤りが見られるかもしれないが，レトリックや統語のレベルにおいて明らかに書く能力が示されている。
5	ときどき誤りが見られるものの，レトリックや統語のレベルにおいてある程度の書く能力が示されている。
4	レトリックと統語のレベルにおいて最小限の書く能力が示されている。
3	書く能力が発達段階にあり，レトリックか統語レベルのいずれか，あるいは両方において問題がある。
2	書く能力がないことが示唆されている。
1	書く能力がないことが示されている。

また，2008 年の SHEP 参加者 8 名には SPEAK(オーラルコミュニケーション力の測定テスト 300 点満点)[2] を導入した。そのテスト結果によると，前章で述べたように，平均点は研修開始が 82.50 点であったのに対し，研修修了は 111.25 点(標準偏差は研修開始時 23.15，研修修了時 22.32)で，両者のスコア差は統計的に有意($t(7) = -5.237$, $p<.001$)であった。ただし，この年度の SHEP のみに実施したテストなので，他のプログラムとの比較はできない。留意点としては，このテストは通常 100 点以上のスピーキング力の学習者を対象に開発されたものであるから，SHEP の参加者にとってスピーキングが極めて困難なものであったことが示されていることである。

なお，参考のために ETS による SPEAK テストのスコアガイドラインを以下に示しておこう。

（2） SPEAK スコアガイドライン(ETS)(概略)

スコア	
0–99	簡単な会話さえも全体的に理解しがたい。
100–149	頻繁なポーズや言い直し，発音の誤り，語彙不足，そして文法的な誤りが多く，一般的に理解しがたい。
150–199	全体的には理解可能であるが，頻繁な発音・文法・語彙選択に誤り，またポーズや言い直しが見られる。
200–249	発音・文法・語彙選択にいくつかの誤り，またポーズや言い直しがときどきあるが，一般的に理解が可能である。
250-300	会話においては文法や発音の誤りがまれに見られるものの，一般発話では理解にまったく問題がない。

3.2. MTELP（文法・語彙・読解）の結果

まず，SSEP の MTELP スコアの分析から始めよう。このテストは，語彙，文法，読解を含むテストで 99 点満点である。次ページの表 3 は，2004～2008 年の SSEP 参加者の MTELP スコアをまとめたものである。

2004 年～2008 年の 5 回のプログラムにおいて，最低点は 36 点（2007年），最高点は 90 点（2005 年）であった。全体として研修修了時には 1.9 点の向上が見られたが，この伸びは統計的に有意なものではない（$t(54) = -1.681$, $p<.098$）。実際のところ，いずれの年も統計的に有意な向上は見られなかった（2004：$t(7) = .119$, $p<.908$, 2005：$t(11) = -1.240$, $p<.241$, 2006：$t(10) = -1.434$, $p<.182$, 2007：$t(11) = -.476$, $p<.643$, 2008：$t(11) = -.639$, $p<.536$）。また標準偏差は 2006 年を除き，いずれの年も研修開始時より，研修修了時が小さくなっていた。このことは，参加者の英語力に関して，研修開始時にあった差が研修修了時には小さくなったことを示

している。

表2　SSEPのMTELPスコア—2004年〜2008年

スコア (99点)	2004年 (n=8) 始	終	2005年 (n=12) 始	終	2006年 (n=11) 始	終	2007年 (n=12) 始	終	2008年 (n=12) 始	終	計 (n=55) 始	終
31〜40	0	0	0	0	0	0	1	0	0	0	1	0
41〜50	0	0	3	1	0	0	1	0	1	0	5	1
51〜60	1	0	2	2	1	0	1	3	3	3	8	9
61〜70	3	4	3	3	6	2	5	7	6	6	23	22
71〜80	4	4	1	4	3	6	3	0	1	3	12	17
81〜90	0	0	3	2	1	2	1	2	1	0	6	6
スコア幅	54〜76	62〜72	48〜90	48〜87	60〜81	58〜84	36〜81	52〜86	48〜83	54〜79	36〜90	48〜87
平均	67.6	67.4	65.8	68.4	69.2	72.3	64.8	66.2	64.6	66.4	66.2	68.1
5点以上 向上(%)	38%		67%		45%		33%		33%		36%	
標準偏差	7.65	4.24	15.10	10.98	6.78	8.17	13.57	9.64	8.95	7.51	10.94	8.65

　MTELPにおいて統計的に有意な伸びが見られなかった点は，私たちの予測に反するものではなかった。その理由として，最初の1週間は新しい環境(文化，生活，寮，図書館，コンピューターセンター，時差等)に慣れるために必要な期間で，実質的に英語学習に集中し始めるのは2週間目からとなる。したがって，英語の向上のために利用できる時間は実際のところ3週間にも満たないのである。このような短い期間に統計的に有意差のある伸びが見られるのはむしろ稀なことであろう。Day(1987)やMilleret(1990)は，1ヶ月以下のプログラムでは英語力の向上は評価しにくいと報告している。しかし，英語力の異なる参加者が同一クラスで学習するような，習熟度が複数レベルのクラスにおいて，しかもテストのための特別な練習や訓練が実施されなかったにもかかわらず，このように少しでも点が伸びたということは，注目に値する。これは，橋本(1992)やTanaka and Ellis(2003)が彼らの海外短期英語研修の結果で報告している小さなTOEFLのスコアの伸びと

同様なものと考えられる（第1章参照）。

次に，SSEP と SHEP のスコアを比較してみよう。表3は，SSEP と SHEP の MTELP の得点をまとめたものである。

表3　MTELP スコア比較― SSEP 対 SHEP

スコア	SSEP 2004–2008 (n = 55) 始	終	SHEP 2007 (n = 10) 始	終	SHEP 2008 (n = 8) 始	終
31～40	1	0	1	0	0	0
41～50	5	1	4	4	0	0
51～60	8	9	5	3	5	3
61～70	23	22	0	3	0	2
71～80	12	17	0	0	2	3
81～90	6	6	0	0	0	0
91～99	0	0	0	0	1	0
スコア幅	36～90	48～87	34～60	43～64	51～92	54～76
平均	66.2	68.1	48.1	52.6	64.1	65.5
5点以上向上(%)	36%		50%		37.5%	
標準偏差	10.94	8.65	7.32	7.52	15.72	8.80

SHEP 2007年の参加者のスコアは，SSEP 参加者のものと比べると，平均点で16～18点ほど低く，一方，SHEP 2008年の参加者のスコアは，平均点でSSEP 参加者のものより2～3点低いものであった。SHEP 2007年の大学院生は，学部入学試験以降は英語を勉強していなかったため，研修開始時の点が低い。一方，SHEP 2008年の大学院生は研修参加の準備として日本で英語の勉強をしていた。学部生の参加者の英語力に類似する結果を示しているのは，そのためであろう。

標準偏差については，SSEP と SHEP 2008年では研修修了時に小さくなっ

たが，他方，SHEP 2007 年では少し大きくなった。SSEP と SHEP 2008 年の参加者の 36％以上，また SHEP 2007 年の参加者の 50％がそれぞれ 5 点以上の伸びを示した。このことは，SHEP 2007 年の参加者は研修開始時の英語力が低かったためと考えられる。ただし，伸びたと言っても，それは統計的に有意ではなかった（SSEP：$t(54) = -1.681$, $p<.098$，SHEP 2007：$t(9) = -1.426$, $p<.188$，SHEP 2008：$t(7) = -.309$, $p<.766$）。SHEP 2008 年は研修期間が SHEP 2007 年の 2 倍であったのだが，参加者の研修開始時の英語力が高かったため，大きな伸びを示さなかったのではないかと考えられる。

3.3. LCT（リスニング）の結果

次に，リスニングテストのスコアを見てみよう。以下の表 4 は 2004 年〜2008 年の SSEP 参加者のリスニングスコアをまとめたものである。

表 4　SSEP の LCT スコア— 2004 年〜 2008 年

スコア	2004 年 (n=8) 始	終	2005 年 (n=12) 始	終	2006 年 (n=11) 始	終	2007 年 (n=12) 始	終	2008 年 (n=12) 始	終	計 (n=55) 始	終
41〜50	0	0	0	0	0	0	1	1	0	0	1	1
51〜60	0	0	1	0	1	1	0	0	0	0	2	1
61〜70	2	2	1	2	3	1	3	1	2	0	11	6
71〜80	4	5	3	4	6	5	6	6	8	8	27	28
81〜90	2	1	5	5	1	3	2	4	2	4	12	17
91〜99	0	0	2	1	0	1	0	0	0	0	2	2
スコア幅	68〜89	68〜83	59〜95	70〜91	59〜81	56〜93	45〜81	48〜85	68〜85	72〜87	45〜95	48〜93
平均	76.3	75.9	80.8	80.1	72.8	77.2	72.5	75.3	75.3	79.2	75.5	77.6
5 点以上向上（%）	25%		25%		18%		33%		25%		31%	
標準偏差	6.61	4.88	10.26	7.43	6.87	9.26	9.65	9.58	5.40	5.25	8.39	7.63

表4に示したように，これまで実施した5回のプログラムにおいて，LCTの最低点は45点(2007年)，最高点は95点(2005年)であった。全体として2.1点の向上が見られ，この伸びは統計的に有意なものであった($t(54) = -2.573$, $p<.031$)。しかし，このような有意な向上が毎年見られたわけではない。2004年($t(7) = .184$, $p<.859$)，2005年($t(11) = .355$, $p<.730$)，2006年($t(10) = -1.893$, $p<.088$)では有意差はなく，有意差が見られたのは2007年($t(11) = -2.274$, $p<.044$)と2008年($t(11) = -2.624$, $p<.024$)であった。

2004年と2005年では僅かではあるが，平均点が下がった。また2006年以外の年ではいずれも標準偏差は研修開始より，研修修了の方が小さくなっている。これは，研修開始時の参加者のリスニング力のばらつきが研修修了時では小さくなったことを示している。さらに2006年では，5点以上伸びた参加者の人数が最も少ないのにもかかわらず，2007年や2008年と同様に，平均点に向上が見られた。ただし，このような結果は個人差の問題なのか，あるいは高校までのリスニング重視の英語カリキュラム導入による成果なのか，ここでの資料だけでは判断しがたい。

さらに，SSEPとSHEPのLCTスコアを比べてみよう。次ページの表5はSSEPとSHEPのものをまとめたものである。

表5からわかるように，SHEP 2008年の平均点はSSEP全体のものより低かったのだが，一方SHEP 2007年のものより高い結果であった。そして5点以上伸びた参加者が50%いたにもかかわらず，グループ全体での伸びは1.5点で，統計的な有意差は見られなかった($t(7) = -.557$, $p<.595$)。この結果はMTELPのものと同じである(Day 1987, Milleret 1990。ただし，橋本1992, Tanaka and Ellis 2003参照)。SHEP 2007年は研修期間がSHEP 2008年の2分の1であったのにもかかわらず，2.5点伸びたが，これは研修開始時の点がグループ全体として低かったためだと思われる[3]。一方，前述の通り，学部生では統計的な有意差が見られたのは5回の研修の中，2回のみであった。研修期間中，参加者は英語の言語環境で生活しているわけであ

表5　LCTスコア比較― SSEP対SHEP

スコア	SSEP (n=55) 始	終	SHEP07 (n=10) 始	終	SHEP08 (n=8) 始	終
31〜40	1	1	1	0	0	0
41〜50	2	1	2	2	0	0
51〜60	11	6	2	4	1	0
61〜70	27	28	4	3	2	4
71〜80	12	17	1	0	5	3
81〜90	2	2	0	1	0	1
91〜99	0	0	0	0	0	0
スコア幅	45〜95	48〜93	38〜76	48〜85	56〜79	63〜81
平均	75.5	77.6	58.5	61	71.4	72.9
5点以上向上(%)	31%		30%		50%	
標準偏差	8.39	7.63	12.95	11.32	7.15	6.01

るから，リスニング力が伸びるのが当然だと考えてしまいがちであるが，個人差があり，3週間の海外英語研修で参加者全員が均一に向上することを期待するのは少々無理であることがこれらの結果からうかがえる。

3.4. ITWE（英作文）の結果

それでは，次に英作文の結果を見てみよう。表6は，2004年〜2008年のSSEPのITWEテストスコアをまとめたものである。

これまで実施した5回のプログラムにおいて，ITWEの最低点は2+(2.3)(2007年)，最高点は5+(5.3)(2006年・2007年)であった[4]。SSEP全体の平均としては，0.54点の向上が見られ，この伸びは統計的に有意なものであった($t(54) = -6.182, p<.000$)。実施年ごとに見ると，2004年（2004：

表6　SSEP の ITWE スコア― 2004 年～ 2008 年

スコア	2004 年 (n=8) 始	終	2005 年 (n=12) 始	終	2006 年 (n=11) 始	終	2007 年 (n=12) 始	終	2008 年 (n=12) 始	終	計 (n=55) 始	終
1～1+	0	0	0	0	0	0	0	0	0	0	0	0
2-～2+	0	0	0	0	0	0	2	0	0	0	2	0
3-～3+	2	2	2	1	8	1	5	3	6	4	11	11
4-～4+	6	5	7	6	2	2	2	1	6	5	27	19
5-～5+	0	1	3	5	1	8	3	8	0	3	12	25
6-～6	0	0	0	0	0	0	0	0	0	0	2	0
スコア幅	3～4+	3～5-	3～5	3+～5	3～5	3+～5+	2+～5+	3+～5	3-～4+	3～5-	2+～5+	3～5+
平均	3.9	4	4.2	4.4	3.6	4.6	3.55	4.34	3.48	3.89	3.71	4.25
2 段階以上向上(%)	38%		33%		82%		58%		42%		44%	
標準偏差	0.55	0.55	0.64	0.56	0.62	0.53	1.02	0.71	0.55	0.64	0.74	0.64

$t(7) = -1.078$, $p<.317$)以外はいずれの年も統計的に有意な向上が見られた（2005：$t(11) = -2.307$, $p<.042$, 2006：$t(10) = -5.315$, $p<.000$, 2007：$t(11) = -3.093$, $p<.010$, 2008：$t(11) = -3.913$, $p<.002$)。また，2004 年と 2008 年以外の年はいずれも標準偏差が研修開始時より，研修修了時の方が小さくなった。これは，研修前の参加者の英語力のばらつきが研修後では減少したことを示している。さらに，2006 年は 2 段階以上（たとえば 3 から 4 - ）伸びた者が 82%もいた。そして次ページの表 7 に示したように，SSEP と SHEP の ITWE スコアを比較してみると，SHEP 2007 年と SHEP 2008 年はそれぞれの伸びに関して統計的な有意差が見られた（SHEP 2007：$t(9) = -3.381$, $p<.008$, SHEP 2008：$t(7) = -4.717$, $p<.002$)（Yoshimura and Nakayama 2008, Nakayama and Yoshimura 2008a, b, c 参照）。

いずれのプログラムにおいても，その伸びに有意差が見られた一方，SSEP と異なり，SHEP は 2007 年，2008 年の標準偏差が研修修了時の方が高くなっていた。このことは参加者数と個人差に関係していると思われる。

表7 ITWE スコア比較― SSEP 対 SHEP

スコア	SSEP (n=55) 始	SSEP (n=55) 終	SHEP07 (n=10) 始	SHEP07 (n=10) 終	SHEP08 (n=8) 始	SHEP08 (n=8) 終
1～1+	0	0	1	0	0	0
2-～2+	2	0	6	4	2	0
3-～3+	23	11	3	3	6	2
4-～4+	23	19	0	3	0	3
5-～5+	7	25	0	0	0	3
スコア幅	2+～5+	3～5+	1+～3+	2～4	2+～3+	3～5
平均	3.71	4.25	2.3	2.9	2.9	4.1
5点以上向上(%)	44%	44%	50%	50%	100%	100%
標準偏差	0.74	0.64	0.59	0.70	0.39	0.77

つまり，グループの中で伸びた参加者とあまり伸びなかった参加者との差が大きかったことがその原因と考えられる。なお，SHEP 2007年とSHEP 2008年ではそれぞれの伸びの違いに有意差は見られない（$t(16) = -1.774$, $p < .095$）。文法，語彙，読解において統計的に有意な伸びが見られなかった点については，もともとテスト勉強に焦点を置いたカリキュラムではないので，理解しがたい結果ではない。それでは，授業の中で特に学習したわけでもないのになぜライティングではこのような伸びが見られたのであろうか。この点について，プレゼンテーションの練習はライティングに必要な議論の構成や論旨の進め方などの学習に繋がり，「あるトピックについて書く」という作文において手助けになったのではないと考えられる。口頭発表やディスカッション中心の研修がライティングの運用能力を有機的に向上させるのであろう。そして SHEP 2008 の参加者が全員伸びた結果から，期間の長さも影響していることがわかる（3.6節参照）。

3.5. SSEPスコアの比較—MTELP・LCT・ITWE

参加者が書いた英作文の特徴について説明する前に，SSEPのMTELP，LCT, ITWEスコアについて，研修開始時のMTELPスコアによるグループ別の伸びを見てみよう。表8はMTELP, LCT, ITWEスコアをMTELPの点数別に比較したものである。

表8 SSEPスコア比較— MTELP・LCT・ITWE

	49点以下 (n=6)		50–59 (n=6)		60–69 (n=21)		70–79 (n=16)		80点以上 (n=6)	
	始	終	始	終	始	終	始	終	始	終
MTELP	46.2	60.8	54.7	60	64.7	66.9	73.5	70.3	83.8	82.2
点差	14.6		5.3		2.2		−3.5		−1.6	
標準偏差	5.04	7.49	2.42	7.59	2.94	5.84	2.61	6.66	3.37	4.88
LCT	66.2	68.2	73.8	77.2	76.7	79.2	75.9	78	81.3	81
点差	2		1.6		2.5		2.1		−0.3	
標準偏差	13.32	10.5	7.22	4.12	8.08	4.99	5.77	8.88	3.83	5.69
ITWE	3.1	3.9	3.6	3.9	3.8	4.2	3.6	4.4	4.3	4.6
点差	0.8		0.3		0.4		0.8		0.3	
標準偏差	0.55	0.56	0.54	0.56	0.71	0.63	0.74	0.65	0.76	0.66

MTELPスコアの伸びは，点数の最も低い49点以下のグループが最も大きく，点数が上がるのに反比例して伸びは減少し，70〜79点のグループと80点以上のグループでは逆に伸びなかった。また，LCTスコアにおいても，MTELPスコアが49点以下のグループは60〜69点のグループと70〜79点のグループと同様にその伸びが大きかった。さらに，MTELPスコアの最も低い49点以下のグループはITWEスコアにおいても最大の伸びを示した。すなわち，表8は英語習熟度の低いグループの方がミシガンテストのすべてのスコアにおいて伸びが大きかったことを示している。

表9は，参加者の学年別によるMTELP, LCT, ITWEスコアを比較し

たものである。3年生と4年生は参加者数が少ないため、1つのグループとしてまとめた。

表9 SSEP 学年別のスコア比較— MTELP・LCT・ITWE

	1年生 (n＝21)		2年生 (n＝28)		3，4年生 (n＝6)		計 (n＝55)	
	始	終	始	終	始	終	始	終
MTELP	69.29	69.33	63.5	67.25	68.3	67.8	66.24	68.11
点差	－0.04		3.75		－0.5		1.87	
標準偏差	9.25	9.12	12.13	9.07	8.26	4.49	10.94	8.65
LCT	76.24	78.57	75.75	77.54	72	74.8	75.53	77.64
点差	2.33		1.79		2.8		2.11	
標準偏差	7.51	7.897	9.4	7.9	6.36	5.31	8.39	7.63
ITWE	3.7	4.31	3.67	4.2	3.69	3.93	3.71	4.25
点差	0.61		0.54		0.24		0.54	
標準偏差	0.74	0.65	0.73	0.66	0.73	0.58	0.74	0.64

表9からわかるように、MTELP，LCT，ITWE の3つのスコアが最も高いのは1年生である。テスト別の伸びを見てみると、ITWE は1年生、MTELP は2年生、LCT は3，4年生、がそれぞれ最も高い伸びを示したことがわかる。入学したばかりの大学1年生が3年生や4年生よりもスコアが高いというのは、おそらく受験勉強で得た語彙や文法が語学研修における重要な基盤として英語力の向上に役立ったのではないかと推測される。このことは、研修前後のリスニングスコアに有意差があったのが大学1年生の参加者が多い年であった事実とも一致するのである。「鉄は熱いうちに打て」ではないが、受験英語で培った英語力の基盤がなくなる前に訓練した方が伸びるということになる。

　言語力は使わないでいると錆び付いてくるとすると、海外英語研修は大学1年生，2年生で参加するのが望ましいのかもしれない。また、今回のSHEP に参加した大学院生の英語力の伸びから、受験時の英語力が高けれ

ば，長年それを積極的に使用していなくても，学習を再開すれば，その掘り起しにはあまり時間はかからず，伸び率が高くなることがわかったのは大きな収穫であった[5]。

3.6. 英作文の特徴

それでは，参加者の英作文について詳しく見てみよう。表10はSSEPとSHEPの2種類の海外研修プログラムに参加した53名（学部生35名（ただし，SSEP 2004年と2008年を除く），大学院生18名）の参加者の英文に表れた単語数・文の数・文の種類について，それぞれの1作文当りの平均をまとめたものである。

表10 英作文の特徴― SSEP・SHEP

	SSEP05–07 (n = 35)		SHEP07 (n = 10)		SHEP08 (n = 8)	
	始	終	始	終	始	終
単語数	172.8	189.9	95.8	144.3	178.0	213.6
文数	14.8	16.3	8.2	13.2	15.1	17.8
単語数/文	11.7	12.0	11.8	11.3	12.3	12.4
単文	6.2	7.6	4.0	6.9	7.4	9.4
不定詞文	1.2	1.5	1.2	0.5	1.1	2.0
重文(and/but)	1.7	1.8	0.8	1.7	1.3	1.9
that-節	1.5	1.4	1.2	1.0	3.4	2.8
補文WH節	0.3	0.5	0.2	0.2	0.6	1.1
形容詞節	0.8	1.3	0.6	1.1	1.0	0.9
副詞節	2.1	2.0	0.9	2.0	0.6	1.1

詳細を見てみると，英作文において語数と文数が増加している点が注目される。そして，関係代名詞や接続詞を使った従属節（形容詞節や副詞節）はそ

れほど増えていないのに対し，単文が増加していること（SSEP 2005–2007 年 41.7％ → 47％，SHEP 2007 年 48.8％ → 52.6％，SHEP 2008 年 49％ → 52.8％）は興味深い点である。これは，日常会話やカンバセーションパートナーとの接触で，コミュニケーションの機会が量的に増加し，英語使用が「話し言葉中心」となったことと関わりがあるように思われる。参加者は苦手な，複雑で長い文を避けることで，一般生活でのオーラルコミュニケーションの流暢さが向上したのではないだろうか。たとえば，SHEP 2008 年の場合，SPEAK のスコアの向上がこの点を裏付けしている。また，大学院生のプログラムでは，研修前のスコアは高くなかったが，研修期間中に「眠っていた」基礎知識が活性化されたようで，参加者全員にスコアの伸びが見られた。

　また英文の質的な側面を比較してみると，まず，研修開始時は 1 つの文にまとまりのない副詞節が 2 〜 3 つある非文法的な文が目立った。たとえば，（3）の場合，3 つの副詞節（if- 節 2 つと even (if) 1 つ）が 1 つの文の中に詰め込まれている。習得した文法知識がモニター（Krashen 1982）として機能していないことがわかる。

（ 3 ）　She doesn't pretend to be happy if she's angry about something, she doesn't pretend to be agree with a certain idea if she doesn't think it's a right thing, even the idea is her friend's.

しかし，研修修了時の英作文ではそのようなまとまりのない英文はほとんど見られなくなった。また，形容詞節の使用が少なかったことは，中級レベルあるいはそれ以上のレベルの日本人英語学習者にとって，関係節の理解はそれほど問題ではないが，関係代名詞や関係副詞の産出は非常にむずかしいことを示唆しているようである（Schachter 1974 参照）。

　（4）は，一般的に日本語を母語とする英語学習者が間違いやすいとされている文法事項―複数の -s，3 人称単数現在の -s，冠詞―の誤りが見られる英

文である[6]。

(4) a. At last, the qualities that needed for a good parent is how they can tell children to live a real life enjoyable and happiness parent should have both side, gentle and hard (strict) for children.
  b. There parents do not scold their children directly to say "don't do that", instead they say "someone will be angry at you."

このような間違いは，SSEP と SHEP の研修では特に文法学習を行わなかったため，ほとんどの場合，研修修了時の英作文にも訂正されていなかった。
　次に，参加者の英作文を論理構造の観点から分析してみよう。(5)は研修の開始時と修了時の間に2スコアの向上が見られた参加者の作文である。

(5) 作文例
a. 課題(研修前)：「理想的な親の条件」
第1段落：I think it is necessary for parents to be strict when their children behave badly. ...
第2段落：Next, parents need kindness. If they're often strict, children begin to think their parents are very scared. ...
第3段落：Last, when their children become high school student, they need to start to treat children as equal. ...

b. 課題(研修後)：「日本の重要な行事」
導入：In Japan, in January 1th, we have "New Year" holiday. On New Year day, Japanese all celebrate the beginning of the year. I'll introduce some of how to celebrate it.
本文(例1)：First, we send the New Year cards to our friend, teachers, boss, and relatives. ...

本文（例2）：Second, on the New Year day, we usually go to the shrine near our house. ...

本文（例3）：The last, in the morning of New Years day, we have "osechi-ryori", which are a special food for New Year day and very good for our health. ...

まとめ：These are some of how to celebrate New Year day. Three customs come from the thought that our deeds we do on New Year day will influence our all deeds we will do in the year.

　作文の課題は，1回目が「理想的な親の条件」，そして2回目が「日本の重要な行事」であった。課題によって書きやすい，書きにくい，という違いもあるかと思うが，ここではその違いをあまり考慮せずに比較してみよう。

　1回目の作文では，導入部分(Introduction)がなく，文章が内容(Body)から突然始まっており，まとめ(Conclusion)もない。この作文は，「理想的な親」としての条件を最初から3点を述べて終わっている。一方，2回目の作文では，'I'll introduce some of how to celebrate it'で終わる導入部分，「元旦」を祝う行事例を3つ挙げた内容部分，そして結びの文，というまとまりのある構成となっている。特に，内容の部分では導入で述べた主張を支持する例を挙げて，日本の行事の中で「元旦が一番大切な日」としてその日に行う行事や行動について説明をし，なぜ「元旦が大切なのか」という理由を論理的に説明している[7]。

　研修の前後では，文法面(文法知識や文構造)の向上というよりも，文章構成の面(全体の構成と論旨の展開)において向上があったことがわかる。最初の作文は，TWEのETSガイドラインに則ると，「不適切な構成や発展・要点を示すのには不適切な，あるいは不十分な説明・不適切な単語あるいは語形の選択・文構造や表現の誤り」が見られる英作文であったのに対し，研修修了時には統語や表現上の誤りが時折見られるものの，「適切なテーマの選択・論旨の適切な展開・要点の詳細な説明」が適宜に示された英作文に改善されている。つまり，短い文が増えたものの，論旨展開の構成の方は向上

し，まとまりのある英文となった。すなわち，自分の意見を英語の論理構成で書けるようになったのである。このような表現力の向上は，3.4 節で指摘したように，厳密には作文練習によって培われたものではなく，おそらく参加者がリサーチプロジェクトの結果を口頭発表するために整理する過程において学習したものであると考えられる。リサーチプロジェクトのために文献を読み，担当講師やクラスメートとディスカッションしながら，意見を構築して行く，という一連の言語活動が英語表現力の向上に役立ったのではないだろうか[8]。このことは，海外語学研修が 3 週間という短期間のものであっても，そのカリキュラムが目標を的確に捉えて企画・実施されるのであれば，英語力の向上が期待できることを示している。

　海外研修における，英作文能力の向上に関しては，4 ヶ月〜9 ヶ月の海外研修者と日本で英語を勉強する大学生の作文を比較した Sasaki(2007)でも同じような構成力の向上が報告されている。その研究に参加した海外研修者のコメントには，たとえ英作文の構成を日本で学習したとしても，海外研修で行われたように何回も練習することはなかったとある。英文の書き方は教えられるだけでなく，実際に授業で徹底的に練習することで自信を持って書けるようになり，それが英作文能力の向上に繋がるのである。したがって，日本の英語教育において，私たちの海外研修のように英作文の練習が毎日できれば，同じような向上が期待できるのではないだろうか。十分な練習の積み重ねの重要性が再確認されたわけである。

3.7. まとめ

　以上，私たちがこれまで 6 年間実施してきた海外短期英語研修プログラムについて，その取り組みが学部生や大学院生の英語力の向上に実質的に役立ったかどうかをミシガンテストの結果から考察した。3 週間という短い期間ではあるが，「論理的に表現する学習」については効果があったという結果が実証できたのに対し，他の言語スキルについては短期間での大幅な向上

はむずかしいことがわかった。つまり，自分の意見や考えを直ちに整理し，それを「英語の論理」で表現する学習は，毎日英語を使用するような環境において実践すれば，短期間であっても大きな成果を上げることができることが証明されたことになる。そして，海外英語研修はその最適な学習環境を提供できる機会として活用できるわけである。

　また，テストスコアの分析の結果，3週間の海外研修は大学1年生にとって，最も有益な英語学習の機会であることがわかった。つまり，受験勉強で築いた英語力の基盤が後退しない内に訓練することで，効率よく能力を向上できるのではないかと推測される。したがって，海外英語研修は大学1年生，2年生で参加するのが望ましいことになる。さらに，大学院生の英語力の向上から，受験時の英語力が高ければ，長年それを積極的に使用しなくても，学習を再開すれば，その掘り起しにはあまり時間はかからないこともわかった。

　以上の分析結果を踏まえると，3週間という短期間の海外研修プログラムでは効果的に向上するスキルと向上しないスキルがあることになる。海外研修では，多くのお金と時間とを投資するわけであるから，基礎が出来てから参加した方が効果的であり，参加者はどのスキルを伸ばしたいのかよく考えて，目的にあったプログラムを選ぶことが望ましい。また，海外英語研修に携わる教員は，学生たちの英語力とニーズをよく把握して，適切なプログラムを選択してもらいたいと思う。もし希望に沿ったプログラムが見つからない場合には，私たちが実施しているように，研修先と具体案について交渉し，新たなプログラムを立ち上げてみることをお薦めしたい。

　最後に，短期海外英語研修の準備やそのフォローアッププログラムについて少し述べておきたい。海外英語研修には，どのような準備や事前指導が必要であろうか。まず，どのような能力（リスニング，スピーキング等）を向上させたいのかをよく考える必要がある。そして，どのようなプログラムが学生に適切であるのか，特に，プログラムの特色，授業時間，食事や滞在先，研修先と期間，滞在費等についてできるだけ情報を集めて，検討する。ま

た，カルチャーショックをできるだけ軽減できるように，柔軟な心と考えをもって研修に臨むよう指導することも必要であろう。つまり，'郷に入っては郷に従え'の学習である。英語圏の文化の中である程度快適に生活できないと，コミュニケーションの遂行に問題が生じてしまう。このコミュニケーション障害が英語学習の進行を妨げる結果にもなりかねないので，留意すべきである。

さらに，参加者が海外研修から帰国した後，研修期間中に伸びた英語力をどのようにして持続させて行くのか，あるいはどのようにしてレベルアップを継続させて行くのかを考える必要がある。研修によってせっかく伸ばした英語力も使用しないでいると，下降して行くことは十分に予測できるからである。したがって，帰国後のアフターケアーを参加者に提供できるような，海外英語留学のフォローアッププログラムが必要である。現状では，このようなフォローアップのものを用意しているケースはあまり見かけないが，海外英語研修を推進する学校は帰国後の学習も研修の一環として考慮しておくことが望ましい。私たちは，SSEPやSHEPに参加した学生たちが週1回ネイティブ講師を囲んで，事前に予習したリーディング資料についてディスカッションできるような企画を1つの試案として開始した。現時点でその効果に関するデータや分析はないが，今後はこのような海外研修後の対応策に関しても調査研究が行われることが期待される。

注

1 2008年のSSEPでは，2回目のテストは研修最終週の月曜日に実施した。
2 SPEAKはSpeaking Proficiency English Assessment Kitの略。第2章の注11参照。
3 Yoshimura and Nakayama(2008)，Nakayama and Yoshimura(2008a, b)参照。
4 +/−を0.3に換算して計算することが，統計に何らかの影響を及ぼす可能性があるかもしれないが，ここでは特にそれに言及しない。
5 ただし，もしカリキュラムがテスト用であったとしたら，有意差が出るほど伸びたか

もしれない。
6 日本語を母語とする英語学習者にとって習得が困難な文法や形態素の問題については，第4章，第5章において詳細に論じる。
7 (4b)の作文には2～3つの誤り(たとえば1th → 1st)があるが，これらはコミュニケーションを阻害しないものである。
8 英語と日本語の書き方の違いや母語の転移に関しては，石橋(2002)，Hirose(2003, 2006)，Kobayashi and Rinnert(2008)を参照。

第4章
参加者の英語　統語

4.1. はじめに

　本章では，第3章で説明した2つの海外研修プログラムに参加した学生の英語の特徴について，近年の第2言語習得理論の観点から考察する。特に，参加者が3週間の研修前後に受けたミシガンテストの英作文に基づき，統語の習得について分析を進める。資料として用いた英作文は，2005年から2007年までの3年間に2つの短期海外英語研修プログラム（SSEP・SHEP）に参加した学生44名が研修中に受けた2回のミシガンテストの中で，プログラム修了時のものである。合計88の作文（合計803文）の中から44の作文を選び，それらの中からさらにミシガンテストのスコアが低い者15名とスコアが高い15名の英作文をそれぞれ抽出して，2つのグループに分類した。その結果，44名のミシガンテストの平均スコアに近い，つまりスコアの中間グループ14名の作文は分析の対象から除外することになった。これは，習熟度の低い者と高い者を比較することによって，学習者の第2言語習得の過程や特徴をより明らかにするためである[1]。
　本章では，分析の結果をわかりやすく説明するために，これらの2つの被験者グループについて，スコアの低いグループをLグループ，そしてスコアの高いグループをHグループとしてそれぞれ表示することにする。ミシガンテストスコアの99点中，Lグループの15名は43点から60点で，平均52.73点（標準偏差5.8）であったのに対し，Hグループの15名は72点から87点で，平均78.07点（標準偏差5.46）であった[2]。2つのグループ間の

ミシガンテストスコアの違いは統計的にも有意であった ($t(28) = -12.32$, $p<.000$)。このように，同じ被験者の英語を比較する縦断研究ではなく，英語習熟度に有意差のある被験者の英語について横断研究することによって，「早期に習得されるもの」と「習得に時間の要するもの」を的確に区別して議論できるのではないかと考える。

4.2. 主語と目的語

4.2.1. 先行研究

これまでの第2言語習得研究では，以下のような2つの事実が明らかになってきた。すなわち，①学習者の母語が主語の省略[3]を許容する言語であっても，英語において主語を産出することはさほどむずかしくなく，多くの場合，ほぼ完璧に主語が出現すること，そして②主語は必ず主格の標示であること，である。たとえば，Lardiere(1998a, b)は母語が中国語(福建語・北京語)の大人の被験者[4]による英語の発話データと電子メールの資料を調査した結果，主語の出現率は98％，また主格の付与率は100％であったと報告している。また Haznedar(2001)は，トルコ語母語話者の子供たちの発話データを分析したところ，主語は99％と極めて高い割合で出現し，主格はほぼ完璧に近い99.9％の割合で標示されていた，と述べている。同様に，White(2003)は，トルコ語が母語で大人の上級英語学習者[5]から得たインタビューや作文資料について，主語の出現率が98.5％〜99.4％であったと観察し，さらに Ionin and Wexler(2002)は，母語がロシア語の子供たち20人から得た発話資料では，主語は98％の割合で出現したと報告している。

一方，日本語を母語とする英語学習者による主語と主格の習得については，たとえば Wakabayashi(2002)では，Wakabayashi(1997)でおこなった文法性判断テストの結果を再分析した結果，(1a)のような補文節の主語が欠落した文については，中級レベルの学習者が50％，上級レベルの学習者が71％の割合で非文法的な文として判断し，(1b)のような虚辞の主語 'it' が

ない文については，中級学習者が51%，上級学習者が71%，の比率で非文法的な文として排除した，と報告している。

（1）a. *When Tom saw a woman wearing a hat, he thought ___ was Sam's elder sister, but she wasn't.
   b. *During the lecture, ___ rained very hard but the sun came out after that.

特に，文中に先行詞を持つ主語(1a)と"天候"の虚辞主語(1b)のそれぞれの理解において，中級レベルと上級レベルでほとんど差異が見られなかったのは興味深い点である。また，それぞれの主語の欠落に関して，2つのレベル間の理解が20%程度向上したことは注目に値する。つまり，この実験が妥当なものであるとすれば，主語の習得は日本語を母語とする英語学習者にとってもそれほどむずかしい問題ではなく，英語力の向上に比例して克服できるものであると予測されることになる[6]。

さらにSuda and Wakabayashi (2007) では，日本の中学1～2年生の81人を代名詞の学習期間(1ヶ月・3ヶ月・15ヶ月)によって3つのグループに分け，代名詞の格標示の理解について調査を行った。周知のように，英語は主格，目的格，所有格によって代名詞の形が変化する(たとえば，he, him, his)のに対して，日本語では代名詞自体は変化せず，異なる格助詞(「が」「を」「の」)の使用によってそれぞれの格を区別する。実験では，被験者はテープを聞きながら，主格と目的格の代名詞を含む日本語文を読み，その適切な英訳として正しいと思われる英語の文(たとえば，*He likes her*, *He likes she, *Him likes her)を与えられた中から選択するように指示された。全体的な実験の結果では，主格と目的格の理解度がそれぞれ50%以上であったと報告されている。グループ別の結果を見ると，学習期間が短い中学生(1ヶ月・3ヶ月)の場合，目的語の位置に主格代名詞(*He likes she*)，また主語の位置に目的格代名詞(*Him likes her*)をそれぞれ誤って容認するという誤りが観

察された。ただし，学習期間の最も長いグループでは，そのような誤りは大幅に減少している点から，彼らの分析では，日本語を母語とする英語学習者は段階的に代名詞を正しく使用できるようになるという結論に至った。

4.2.2. 参加者の主語と主格

　それでは，海外短期英語研修に参加した大学生の場合はどうだろうか。まず，参加者のミシガンテストの英作文を分析する前に，主語と主格について日本語と英語の違いを整理しておきたい。第一の違いとして，日本語は主語省略が可能な言語であるのに対し，英語は主語が省略できない言語である点が挙げられる。統語論の用語を用いると，日本語は，pro-drop（代名詞省略）の言語だということになる。

（2）a.　＿＿＿＿コンサートに行ったの。
　　　　'Did (you) go to the concert?'
　　b.　その子供は＿＿＿＿ニンジンがきらいだと言った。
　　　　'The child_i said that (he_i) hated carrots.'

(2a)は聞き手に対する疑問文で，主語は「あなた」であることが明らかであるから，省略されている。一方，(2b)は，補文節の主語が主文節の主語と同一であることから，省略されている。しかしながら，(2)の翻訳からわかるように，英語の場合，たとえ談話や文中から主語が容易に理解できるとしても，それを文中で省略することはできないのである。

　次に，たとえば(3)にあるように，日本語と英語の間には主格標示について違いがある。英語の代名詞では，主語の場合，主格形を用いる[7]。

（3）a.　彼が犯人だと私たちが警察に通報した。
　　b.　We/*us told the police that he/*him was a suspect.

日本語の(3a)では，補文節の主語「彼」と主文節の主語「私たち」に主格助詞「が」が付与されるのに対し，英語の(3b)では，主語の位置に現れる代名詞は主格(we, he)となり，目的格(us, him)を用いない。すなわち，日本語では代名詞が格の違いによって形態変化がないのに対し，英語では格によって代名詞が形態素変化を起こす，ということである。

　以上のような，日本語と英語との違いを踏まえ，2つの海外英語研修プログラムに参加した学生たちが英語の主語と主格をどのように習得しているのかを見てみることにしよう。再度確認しておくと，母語(日本語)の転移があれば，第2言語(英語)において主語の欠落が見られるであろうし，また主格標示に誤りが生じる可能性があるわけである。

　表1は，ミシガンテストの英作文における主語の出現と主格の格付与についてグループ別にまとめたものである。括弧内の数字は誤りを産出した学習者の数を示すもので，習熟度の低いLグループでは，主語の欠落が3つの文において見られ，3人の参加者がそれぞれ1つの文について主語を産出しなかった。習熟度の高いHグループでは，2人の参加者がそれぞれ1つの文で主語を誤って欠落してしまったことがわかる。

表1　主語の欠落率と主格標示の正誤率

グループ	主語 有	主語 無	欠落率(%)	主格(代名詞) 正	主格(代名詞) 誤	誤用率(%)
L	276	3(3)	1.08	121	0	0
H	358	2(2)	0.56	205	0	0
計	634	5(5)	0.78	326	0	0

　この表からわかるように，主語が義務的に必要な639文[8]中，634文は主語が正確に出現し，主語の欠落が観察されたのは5文(0.78%)であった。グループ別に見ると，Lグループは主語が義務的に必要な279文中，主語の欠落した文が3文(1.08%)あり，Hグループは360文中，主語の欠落した文

が 2 文(0.56％)見られた。なお，本章の表にある比率(％)は各参加者の平均値の平均で，全体の数値の平均(たとえば，L グループの 3/279)ではない。

　参加者の誤りを具体的に見てみよう。(4)は主語が欠落した例である[9]。

(4) a. *The important thing is that ＿＿ don't depend on the cell phone too much.　　　　　　　　　　　　　　　　　　　　(L グループ)
   b. *My opinion means that ＿＿ don't be controlled your mind by them.
　　　　　　　　　　　　　　　　　　　　　　　　　　　　(H グループ)
   c. *The day when ＿＿ construct Japanese constitution.　(H グループ)

これらの誤りについて興味深い点が 2 つある。まず，主語の欠落が生じたのが主文節でなく，補文節においてであることである。次に，その欠落した主語が任意的な意味を持つ we (4a, c)，you (4a, b)であることがわかる。したがって，ここでの主語の欠落の誤りは，構造上の複雑さのために，母語の空代名詞の影響を受けてしまったことによるものではないかと思われる。

　このように，欠落した主語の数は 2 つのグループともに極めて低く，両グループ間で発達上の差異は見られなかった ($t(28) = 0.977$, $p < 0.337$)。すなわち，日本語は，主語が省略できる言語であるのにもかかわらず，母語の転移は参加者の英作文にはほとんど見られなかったことになる[10]。これは，先行研究で概観した Lardiere (1998a, b)，Haznedar (2001)，White (1985, 2003)の結果と同じものであった。また，Wakabayashi (2002)の中学生の被験者と比較すると，主語の欠落の誤りは英語学習期間の長さと比例して改善され，大学生になるとほとんど解消されてしまうことが明らかになったわけである[11]。

　また，上の表 1 に示したように，L グループと H グループは両グループとも主語に主格以外の格が誤って標示されることは全くなかった。つまり，調査した英作文では，主語の位置に生成された代名詞はすべて主格代名詞であった。以上の分析をまとめると，大学生の日本語を母語とする英語学習者

は英語を書く時，ほとんど間違いなく主語を生成し，その格標示はすべて正確に主格であり，したがって主語と主格について母語の転移は見られないということになる。

4.2.3. 目的語と目的格

次に，参加者の英作文に生じた目的格と目的語について見てみることにするが，その前に，日本語と英語の間に見られる違いについて，以下の事実を確認しておこう。

日本語では，目的語の省略(空目的語)も可能である。つまり，pro-dropの現象が目的語においても生じる。

(5) a. （あなたは）もう_____読んでしまったの。
　　b. カナダから友達が来るので，（私たちは）空港まで_____むかえに行った。
　　c. 兄が_____買ったので，弟も_____買いたがっている。

(5a)では，動詞「読んだ」の目的語(たとえば「本」)は話し手と聞き手に共通して理解できるものであるとして，省略されている。(5b)では，複合動詞「むかえに行く」の目的語が省略され，それは文頭の副詞節の「友達」を先行詞とする。(5c)はさらに興味深い例で，「兄が買ったもの」は談話の流れから理解できるものである一方，「弟が買いたがっているもの」は最初の空目的語を先行詞として取っている。したがって，この場合，省略されている2つの目的語は同一のものを指し示すと理解される。

しかしながら，周知のように，英語では，主語と同様に，目的語も省略できない。(6)は(5)を英語に直したものである。

(6) a. Have you read *(that book) yet?
　　b. Our friend$_i$ is coming to Japan from Canada, so we are going to the air-

port to see *(him_i/her_i).
   c. Because the brother bought *(a game_i), his younger brother wants to get *(it_i).

　これらの例からわかるように，英語では，それが聞き手と話し手の共通理解であっても，また文中にその先行詞が述べられていても，文中に適切な目的語 *that book* (6a)，*him/her* (6b)，*it* (6c) を入れなければ，非文法的な文となってしまう。このように，日本語と英語は，主語と同じく，目的語の標示についても違いがあることから，日本語母語話者の英語に空目的語現象が転移して見られるかどうかは興味深い問題である。

　それでは，以上の点を踏まえ，研修プログラム参加者の英語を見てみよう。表2は，ミシガンテストの英作文における目的語の出現と目的格の標示についてグループ別にまとめたものである。

表2　目的語の欠落率と目的格標示の正誤率

グループ	目的語 有	目的語 無	欠落率(%)	目的格 正	目的格 誤	誤用率(%)
L	161	3(1)	1.18	14	0	0
H	197	9(7)	1.99	21	0	0
計	348	12(9)	1.58	35	0	0

　括弧内の数字は学習者の数で，習熟度の低いLグループでは，目的語の欠落が3つの文において見られたが，これらはすべて1人の参加者による誤りであった。また，習熟度の高いHグループでは，参加者の1人が3文で目的語を省略したため，7人が9文で目的語を誤って欠落させたことになる。表2からわかるように，目的語が必要な360文中，348文は目的語が間違いなく生成され，12文(1.58%)に目的語の欠落が観察された。グループ別に見ると，Lグループは目的語の必要な164文中，3文(1.18%)で目的語

の欠落があった。また，Hグループでは206文中，目的語の欠落が9文（1.99%）見られた。

(7)は目的語が欠落した例である。

(7) a. We can keep a object secret when we lock ＿＿ by key.　（Lグループ）
　　b. One airport needs field so huge that we can't imagine ＿＿ .
　　　　　　　　　　　　　　　　　　　　　　　　　（Hグループ）
　　c. It means they are using too much money without knowing ＿＿ .
　　　　　　　　　　　　　　　　　　　　　　　　　（Hグループ）

ここで誤って欠落した目的語は，代名詞の *it* で，文中にそれぞれ先行詞を持つと考えられる―*an object*(7a)，*so huge a field*(7b)，*using too much money*(7c)[12]。より詳細に観察すると，これらの誤りが生じたのはすべて補文節の目的語においてであることがわかる。この点は，上の主語の欠落(4)で見た学習者の傾向と同じで，目的語の欠落の場合も，構造上の複雑さが一要因となっていることがうかがえる。もう一つの要因として，英語の動詞の項構造に関する学習者の"不安定な語彙学習"[13]が考えられる。たとえば，(7a)の *lock it* を例にして説明すると，この動詞句は一般的に「それにカギをかける」という日本語訳となり，目的格の「を」が付与されるのは「それ」(*it*)ではなく，「カギ」(*key*)である。そのため，英語との間に齟齬が生じてしまい，学習者にとっては語彙を使用する際に混乱する原因となってしまうのではないだろうか。

以上，欠落した目的語の数は，習熟度の低いLグループにおいても，また習熟度の高いHグループにおいても，極めて少なく，両グループ間に有意な差は見られなかった（$t(28) = 0.156$, $p < 0.475$）。すなわち，日本語は，上の(5)で見たように，空目的語が許容される言語であるのにもかかわらず，母語の転移はそれほど深刻な問題ではなく，目的語の生成は，主語のそれと同様に，日本語母語話者にとっては英語学習の比較的早い段階から習得

できると結論付けることができる[14]。

なお，上の表2にあるように，LグループとHグループは両グループとも文中の目的語に目的格以外の格が誤って付与されることは全くなかった。より厳密に述べると，調査した英作文の中で目的語として使用された人称代名詞はすべて目的格であった（Lグループ：*us*（出現数 7），*him/her/them*(7)，Hグループ：*us*(11)，*him/her/them*(10)）。まとめると，大学生の英語学習者は英語で書く時，ほとんど間違いなく目的語を産出することができ，その格標示はすべて正確に目的格であることが確認されたことになる。

4.3. WH移動

4.3.1. WH移動とスクランブリング

周知のように，英語にも日本語にも顕在的な移動現象は存在するが，次のような点で両言語の移動は異なる。英語に見られるWH移動は，WH句がCPの指定部に移動するのに対し，日本語に見られるスクランブリング（かき混ぜ操作）は，句（α）がTPに付加する操作である，と想定されている。図式で示すと，(8)のように表わされる[15]。

(8) a. $[_{CP} [_{SPEC} WH_i] [_{C'} [_{TP} \cdots t_i \cdots]]]$
   b. $[_{CP} [_{SPEC}] [_{C'} [_{TP} \alpha_i [_{TP} \cdots t_i \cdots]]]]$

英語のWH移動(8a)では，WH句は移動元に痕跡(t_i)を残して*Spec*-CPに移動する置換操作であるため，対象となるCPの指定部が空いていないと可能ではないことになる。一方，日本語のスクランブリング(8b)では，WH移動と同じように，移動元に痕跡(t_i)を残すが，英語のそれとは異なり，基底生成のTPに新たなTPを付加する形(adjunction)で移動が可能となる。すなわち，英語は移動によって疑問詞疑問文(9a)が生成されるのに対し，日本語はWH句のみならず，それ以外の句も移動の対象で，その結果，移動

により必ずしも疑問文に生ずるとは限らないのである(9b)[16]。

(9) a. [$_{CP}$ [$_{SPEC}$What$_i$] did [$_{TP}$you eat t_i for lunch]]?
   b. [$_{CP}$ [$_{TP}$ おにぎりを$_i$ [$_{TP}$(私は)ランチに t_i 食べました]]]

　換言すれば，WH句は義務的に必ず移動しなければならないのに対し(10a)，スクランブリングは必ずしも移動する必要のない任意の操作であるから，英語と異なり，日本語ではWH-in-situが可能となる(10b)。

(10) a. *You ate what for lunch?
   b. （あなたは）ランチに何を食べましたか。

(10)を図式化すると，(11)のようになる。

(11) a. *[$_{CP}$ [$_{C'}$ [$_{TP}$ … WH …]]]　　　　　　　　　　(10a)
   b. [$_{CP}$ [$_{C'}$ [$_{TP}$…何…]]]　　　　　　　　　　　　(10b)

　さらに，(11)の対比は補文節においても見られる。

(12) a. I don't know what$_i$ John bought t_i at the store.
   b. *I don't know John bought what at the store.
(13) a. （わたしは）何$_i$を太郎がその店で t_i 買ったか知らない。
   b. （わたしは）太郎がその店で何を買ったか知らない。

(12a)は，補文節の目的語 *what* が補文節の指定部に移動し，文法的であるのに対し，(12b)はその目的語は移動せず，元の位置に留まっているため，非文法的な文となっている。他方，スクランブリングは任意であるので，補文節の目的語「何」は補文節のTPに付加されても(13a)，あるいは移動せ

ず元の位置に留まっていても(13b)，いずれも文法的な文である。

これらの日英語間の移動に関する事実をまとめると，次のようになる。

(14) a.　[$_{TP1}$ [$_{VP}$ … V [$_{CP}$ [$_{SPEC}$ WH$_i$] [$_{C'}$ [$_{TP2}$ … t_i …]]]]]　　　(12a)
　　 b.　*[$_{TP1}$ [$_{VP}$ … V [$_{CP}$ [$_{TP2}$ [$_{TP}$ … WH …]]]]　　　(12b)
(15) a.　[$_{TP1}$ 何$_i$ を [$_{TP1}$ [$_{TP2}$ … t_i …]] V]　　　(13a)
　　 b.　[$_{TP1}$ [$_{VP}$ [$_{C'}$ [$_{TP2}$ …何…]] V]　　　(13b)

もし第2言語の習得において母語の影響が大きく関与するのであれば，第2言語の移動，すなわちWH移動は母語での移動，つまりスクランブリングのようなふるまいをすることが予測される。より厳密に述べると，日本語を母語とする英語学習者がWH移動を誤ってスクランブリングとして捉えているならば，(11b)(=*(11a))や(15b)(=*(14b))に類似した構造を許容することが考えられる。果たして，このような母語の転移によるWH-in-situの誤りが見られるのだろうか。

4.3.2. 関係節

英語の関係節は，一般的に関係代名詞と呼ばれるWH句が関係節の指定部に移動することによって生成される。たとえば，(16a)では，主格の関係代名詞 *who* が関係節の主語の位置から先行詞 *the girl* に隣接したCPの指定部に，また(16b)では，目的格の関係代名詞 *which* が関係節の目的語の位置から先行詞 *the toy* に隣接するCPの指定部の位置に，それぞれ移動している。

(16) a.　John fell in love with [the girl [$_{CP}$who$_i$ [$_{TP}$$t_i$ came to our party the other day]]].
　　 b.　The boy loves [the toy [$_{CP}$which$_i$ [$_{TP}$his father bought t_i for him on his birthday]]]

他方，日本語には，*who* や *which* に相応するような関係代名詞は存在しないため，(16)を日本語に直すと次のようになる。

(17) a. ジョンは [[先日 e_i パーティーに来た] 女の子 $_i$] を好きになった。
　　b. その少年は [[父親が e_i 誕生日に買ってくれた] おもちゃ $_i$] を気に入っている。

ここで，*e* で示した，関係節の先行詞と同一指標を持つ空範疇の種類を問題にする読者もいるであろう。これが移動による空範疇であれば，変項となるのだが，移動ではなく基底生成の空範疇であるとすれば，空代名詞 *pro* である可能性も否定できない。しかしながら，関係節について母語の転移を考える場合，この空範疇はあまり問題とはならず，まずは関係代名詞の有無，それから先行詞と関係代名詞の語順に着目することがより重要な課題である。

4.3.3. 参加者の WH 移動

それでは，海外短期英語研修プログラムの参加者の WH 移動の習得について検討していく。表3はミシガンテストの英作文に見られた WH 移動を習熟度別にまとめたものである。

表3　主節・補文節・関係節における WH 移動の正誤率

グループ	主節 正	主節 誤	補文節 正	補文節 誤	関係詞節 正	関係詞節 誤
L	2	0	5	1	9	0
H	0	0	17	0	32	2
計	2	0	22	1	41	2

表3に示したように，参加者によって生成された25個の WH 疑問文（主文節2，補文節23）の中，誤りが生じたのは次のような1文のみであった。

(18) Therefore, we have to consider that how to use discoveried and inventions.
(Lグループ)

　この文は，WH 句の *how* が補文標識 *that* の後ろの位置に移動した結果，英語の WH 移動に関する制約 'doubly filled COMP'（WH 句と補文標識は共起することができない）に違反してしまい，非文法的な文となってしまった。

　それから，資料が発話のものでなく，英作文ということもあって，主文節での WH 疑問文は L グループの参加者 2 人が書いた以下の 2 文のみであった。

(19) a.　Why is the internet so useful?　　　　　　　　　（Lグループ）
　　 b.　Which is good tool for our life style?　　　　　　（Lグループ）

　ここで注目したい点は，主語と be 動詞 *is* との置換が正しく起こっていることである。このような置換は日本語にはなく[17]，したがって (19) は主文節の WH 疑問文において母語の転移が生じていないことを示唆するものである。

　さらに，補文節における WH 疑問文の出現数を見てみると，L グループで 5 文，H グループで 17 文と，習熟度の高いグループの方が低いグループより 3 倍以上の文を産出している。この事実から，WH 疑問文は，習熟度の向上に比例してその運用が定着することが推測できる。おそらく，習熟度の低い学習者の場合，習得した WH 疑問文の知識を実際に無理なく運用するレベルまでにまだ到達していないのであろう。(20) は，参加者の英作文に見られた補文節の WH 疑問文の代表的な例である。

(20) a.　Omikuji says what to do in the year in order to come us happiness.
(Lグループ)

b. On the New Year cards, we write greeting and <u>what</u> we want to do in the year. （Hグループ）
c. So I think that is <u>why</u> <u>bon</u> is important event for Japanese.
 （Hグループ）
d. And you can know <u>how</u> foreign people are doing or <u>what affairs</u> are happening in the world at the same time. （Hグループ）

つまり，補文節に埋め込まれたWH疑問文の誤用率（3.3%）は極めて低く，その間違いはWH-in-situによるものではなく，したがって母語の転移は起こっていないものと見られる。

ただし，WH移動に関して注意すべき点がある。それは，参加者の英作文の中に長距離のWH移動が全く見られなかったことである。たとえば，以下の例に示すように，長距離移動は英語のWH移動においても，また日本語のスクランブリングにおいても可能である。

(21) a. *Do you think Tom bought <u>what</u> at the store?
 b. *Do you think <u>what</u> Tom bought at the store?
 c. <u>What</u> do you think that Tom bought at the store?
(22) a. あなたは［トムがその店で<u>何を</u>買ったと］思っているの。
 b. あなたは［<u>何を</u>トムがその店で買ったと］思っているの。
 c. <u>何を</u>あなたは［トムがその店で買ったと］思っているの。

上で述べたように，英語のWH移動は義務的な操作であるので，WH-in-situの例(21a)とWH句が補文節CPの指定部に留まっている例(21b)は両文とも非文法的である。(21c)にあるように，英語では主文節の動詞が*think*の場合，その節のCPの主要部へWH句は移動しなければならない。他方，日本語の場合，スクランブリングは任意の移動であるから，疑問詞「何」が基底の位置に留まっている例(22a)，あるいは補文節の文頭に移動した例

(22b)，また主文節の文頭に移動した例 (22c)，いずれの場合も文法的な文である。それにも係わらず，参加者は上の例 (20) で見たような補文節 WH 疑問文のみを産出し，長距離移動の WH 疑問文を産出しなかった。この点について，たとえば Hawkins and Hattori (2006) の主張するように，日本語を母語とする英語学習者が第 2 言語習得過程において WH 移動をスクランブリングとして捉えているのであれば，母語の転移により (22c) に類似するような構造 (21c) が生成されてもさほど不思議なことではないはずである[17]。しかしながら，そのような例は 1 文も参加者の英作文には見られなかったのである。

　ここで，長距離 WH 移動の習得について調査した Kaneko (2005) の実験結果について簡単に触れておきたい。彼女の実験では，日本語を母語とする英語学習者の高校生が英語の長距離 WH 移動を習得しているか否かを 2 種類のテスト—文法性判断テストとプロダクションテスト—を用いて調査した。被験者は日本の高校に通う 112 名で，判断テストでは，主文節の動詞が *say* や *think* で，(21) のように，WH 句は補文節内に留まることができず主文節 CP の指定部に移動しなければならない文型と，他方，主文節の動詞が *ask* や *know* で，WH 句は補文節 CP の指定部に留まらなければならない文型の 2 種類の文法性について比較調査を行った。分析の結果，文法性判断の正答率は，主文節 WH 疑問文が 35.7%～44.3% であったのに対し，補文節 WH 疑問文は 70%～76.7% であったと報告されている。さらに，被験者が長距離 WH 移動を実際に産出できるかどうかを調査したプロダクションテストでは，産出された 498 文の中，19.1%（95 文）が WH 句を長距離移動させていたのに対し，59.2%（295 文）が補文節 CP の指定部に留まった短距離移動であった，と報告されている。

　Kaneko (2005) の指摘にあるように，これらの結果は，母語が英語の 3 歳児による長距離 WH 移動の習得の結果 (Thornton and Crain 1994) と日本語を母語とする大学生よる第 2 言語の結果 (Wakabayashi and Okawara 2003) の両者に類似する低習得率であった。すなわち，WH 移動の習得の過程は母

語，第 2 言語の区別なく，連続循環移動により短距離から長距離へ進んで行くこと，また母語の場合，この連続循環移動は 4 歳までに習得できること (Thornton and Crain 1994)，他方，第 2 言語の場合は連続循環 WH 移動習得に時間を要することが理解できる。これらの観察とここでの研修参加者の調査結果が一致することは再確認しておきたい[18]。加えて，Kaneko (2005) では，長距離 WH 移動を産出した 95 文中，86.39%（82 文）において英語の疑問文生成に伴う主語—助動詞の置換が正しく起こったと報告している。このことは，日本語のスクランブリングにそのような操作がない点に鑑みれば，WH 移動をスクランブリングとして捉えているという仮説からは説明しがたい事実である（注 17 参照）。

　最後に，2 グループの海外英語研修プログラムに参加した学生たちの英作文に戻って，関係節の分析について考察することにしよう。先の表 3 にあるように，関係節は L グループで 9 文，H グループで 32 文と量的に WH 疑問文の 4 倍近い割合で用いられている。特に，*who* と *which* が主語の位置で用いられる例が多く，全体のほぼ 50% に近い数であった。たとえば，(23) は関係代名詞がそれぞれの関係節の主語に相当する例である。

(23) a.　So, lots of people who live near an airport are suffering from those noisy sounds.
  b.　The third one is holidays which have political meaning.

また，(24) は関係代名詞が関係節の目的語となる例である。(24a) では，*which* は動詞 *use* の目的語，(24b) では，関係代名詞は動詞 *liked* の目的語であるから，*whom* とすべきであるが，口語では *who* も許される。(24c) と (24d) は，関係代名詞が省略された例で，このような例は産出された関係節の中でこれらを含めて 3 例のみであった。

(24) a.　here are even a cell phone which you can use abroad ….

    b.   This is because it was so difficult to call a girl <u>who</u> I liked that I needed much time.

    c.   And family Ø that they haven't seen long time their house, and talk each other to relax.

    d.   These days, the cost Ø we have to pay for using a cell phone become a lot cheaper than it used to be.

さらに，(25)は関係副詞節を含む文である。ここに挙げたように，*where*，*when*，*why* を用いたものは産出されたが，*how* を用いたものは見られなかった。

(25) a.   Because the cell phone is very small so you can have it <u>wherever</u> you go.
     b.   There are 'sports day' <u>when</u> we have sports festival and know how important sports are to live.
     c.   The reason <u>why</u> I think so is if we have a cell phone, we can talk with some even everywhere.

また，(26)は参加者による 43 個の関係節の中で 1 例のみ産出された前置詞残置（preposition stranding）の関係節である。この例は，日本語が後置詞残置を許容しない言語であることを考えれば，興味深い結果である[18]。

(26)   We send greeting cards to our friends and people <u>who</u> we want to send to.

(27)は関係副詞の代わりに誤って *which* を用いた，あるいは *in* が *which* の前で欠落した例である。

(27) a.   …and very important (to) work hard (on) their land <u>which</u> their ancesters also work hard.

b. For example, KONBUMAKI which a fish is rolled up with sea weed has meaning of being wise person and living longer.

ただし，(27a)の場合，work hard の後に前置詞 on を用いていないので，この参加者はこれを他動詞として誤って理解しているかもしれない。(27b)の場合，先行詞が固有名詞であるため，加えて，関係節の内部構造が前置詞を持つ受動態であるという構文上の複雑さのため，このような誤りになってしまったかもしれない。

　このように，参加者の関係節については，関係代名詞，関係副詞の種類の選択に多少誤りがあるのだが，すべての関係節において現れるべき関係代名詞は出現し，また［関係節 – 先行詞］のような語順の誤りは見られなかった。したがって，参加者の関係節の産出において母語の転移はないと結論付けることができるようである[19]。

4.4. 文法モジュールと素性照合

　以上，2グループの海外短期英語研修プログラムに参加した大学生の英語の統語上の特徴を母語の転移という観点から報告してきた。議論を進める前に，これまでの分析結果を最近の言語理論の枠組みにおいて捉え直し，何が明らかになり，何が未だ不透明であるかをここで再度整理しておく。

4.4.1. 狭義のシンタクス
　最新の文法理論では，以下のような文法モジュールを想定する。

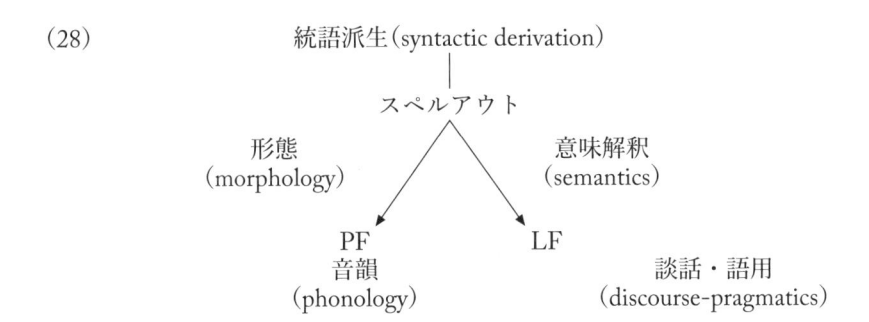

(28)　　　　　　統語派生(syntactic derivation)
　　　　　　　　　　　｜
　　　　　　　　　スペルアウト
　　　形態　　　　　　／＼　　　意味解釈
　　(morphology)　　　　　　　(semantics)
　　　　　　　　PF　　　LF
　　　　　　　音韻　　　　　　談話・語用
　　　　　(phonology)　　　(discourse-pragmatics)

　具体的に説明すると，図式(28)において，スペルアウトまでの操作は基本的に統合(Merge)と一致(Agreement)であり，それらの要求によって派生した構造が音声形式(PF)と論理形式(LF)に排出されることになる。一般的には，統語部門[20]では素性照合と移動，音声部門では構造の音韻形態化，論理部門では意味解釈，がそれぞれ行われると考えられている。したがって，(28)のような文法モジュールを前提にすれば，本章で採り上げた主語・目的語・主格標示・WH移動はすべて統語部門の現象として取り扱われるものであると理解される。
　一方，近年の第2言語習得研究の分野では，数多くの実証的な調査結果に基づき，少なくとも統語部門での習得はそれほど困難ではなく，したがって普遍文法(Universal Grammar)にアクセスが可能ではないかという主張が支持されるようになってきた。代表的な例として，下接の条件(Subjacency Condition)(Ross 1967, Chomsky 1973)に関する習得研究が挙げられる。これは，「島」(island)を形成する，たとえば複合名詞句，関係節，WH疑問文節からその境界を越えて外へ移動することは許容されないという移動制約[21]である。これまでの調査結果(Johnson and Newport 1991, Marthohardjono 1993, 若林・白畑・坂内 2006, White 1988, 1990, 1992, White and Juffs 1998, Yusa 1999)では，第2言語学習者は習得の初期段階からこの制約の違反を理解できるということがわかったと報告されている。すなわち，第2言語のインプットにはこのような制約違反のデータは含まれていないわけであ

るから，「刺激の貧困」（poverty of stimulus）から考えて，この制約の習得は普遍文法のガイドによるものにほかならないという結論に達したわけである。また，顕在代名詞制約（Overt Pronoun Constraint）（Montalbetti 1984）についての研究がある。これは，pro-drop 言語では空代名詞 pro が可能な位置に現われる代名詞は束縛変項になることができないという制約である。Kanno（1997）では，pro-drop 言語でない英語を母語とする日本語学習者が日本語における pro の束縛意味解釈について，この制約を理解できたと報告されている[22]。この調査結果は，母語である英語からの影響がなかったことを示唆するものである（White 2003）。このような実験結果は，第 2 言語習得においても，母語の場合と同様に，普遍文法へのアクセスの可能性を示唆するものであると考えるのである。

4.4.2. EPP

それでは，2 つの海外英語研修参加者の分析結果はどうであろうか。これまでの観察を整理し直してみよう。まず，主語についてであるが，前にも述べたように，本調査の結果，母語の pro-drop の影響はほとんどなく，調査資料の英作文では主語は欠落されていなかった（4.2.2. 節の表 1 参照）。このことは次のように説明することができる。

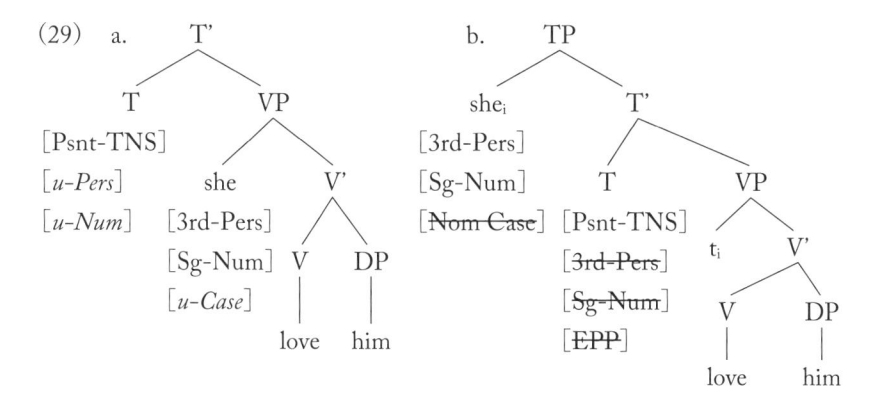

(29) a.

```
        T'
       / \
      T   VP
[Psnt-TNS]  / \
[u-Pers]  she  V'
[u-Num] [3rd-Pers] / \
        [Sg-Num] V   DP
        [u-Case] |    |
                love him
```

b.

```
            TP
           /  \
         she_i  T'
        [3rd-Pers] / \
        [Sg-Num]  T   VP
        [Nom Case] [Psnt-TNS] / \
                  [3rd-Pers] t_i  V'
                  [Sg-Num]       / \
                  [EPP]         V   DP
                                |    |
                               love him
```

(29a) の *She loves him* を例にして説明すると，機能範疇 T の人称・数[23]と代名詞 *she* の格は素性照合により値化（valuation）されなければならない[24]。さらに，T にある EPP 素性との照合のため，主語が TP の指定部に繰り上げられ，[TNS] に時制が存在すれば，主格は具現化されることになる(29b)。換言すれば，機能範疇 T の EPP 素性照合が駆動力となって主語が繰り上げられ，主格が具現化することになる。この操作が統語部門において，つまりスペルアウトまでに起こる派生である（Chomsky 1995, 1998, Radford 1997, 2004, 2009）。

　すなわち，先の 4.2.2. 節で見た海外英語研修参加者の結果（主語欠落率 0.78%，主格標示率 100%）は，統語部門，すなわち狭義のシンタクスの習得はそれほどむずかしくないとする，これまでの先行研究の結論（4.2.1. 節）と一致するものである。また，日本語の T に一致素性はないとする見解（Kuroda 1988）から見れば[25]，母語に EPP 素性照合や主語繰り上げが存在しないことになるので，海外研修プログラムの参加者がほぼ完全に主語を述部の前に生成したことは普遍文法へのアクセスが可能であることを支持する証拠として捉えることができるであろう。

　さて次に，目的語の欠落の誤りがほとんどなかったという事実（4.2.3. 節の表 2 参照）については，次のように考えたらどうかと思う。たとえば，(29) において，動詞 *love* の語彙習得はその下位範疇（subcategorization）の知識を含むという前提に立てば，*love* の項構造は意味役割「主題」（theme）が与えられる内項を持つことを学習者は学ぶことになる。つまり，その意味役割の放出，そして動詞から目的語への目的格照合は統語部門でおこなわれる普遍文法の操作であると一般的に考えられるので，母語の転移が第 2 言語の目的語出現と目的格標示にほとんど生じなかったことも当然のこととして理解できるのである。

4.4.3.　［+WH］

　最後に，研修プログラム参加者の WH 移動の結果（4.3.3. 節の表 3 参照）

について，本書では，基本的に Chomsky (1998, 2001) の提案に則り WH 移動を以下のように捉える．

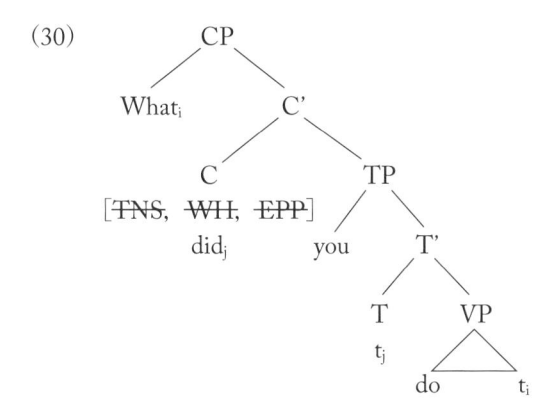

(30)
```
            CP
           /  \
        Whatᵢ  C'
              /  \
             C    TP
    [T̶N̶S̶, W̶H̶, E̶P̶P̶]  /  \
           didⱼ  you  T'
                     /  \
                    T    VP
                    tⱼ  /  \
                       do   tᵢ
```

すなわち，WH 疑問文の場合，機能範疇 C に EPP 素性と［WH］素性が存在し，それらの素性照合のため，CP に最大投射し，その指定部に WH 句が移動することとなる (Radford 2009)。たとえば，(30) において，WH 句 *what* が［EPP］および［WH］との素性照合のため CP の指定部に移動し，さらに［TNS］の素性照合のため，この例では do-support が生じ，時制が［past］であればそれが did として具現化するわけである．

このように考えれば，WH 移動はスペルアウトまでの統語部門に起こる操作であるから，普遍文法へのアクセスが可能であると想定すれば，WH 移動においてほとんど誤りがなかったことは問題なく説明できる事実である．そして先の説明でも触れたが，Hawkins and Hattori (2006) が主張するように，日本語を母語とする英語学習者が WH 移動をスクランブリングのメカニズムで取扱っているとすれば，この［WH］との素性照合は義務的におこなわれないはずであるから，WH-in-situ の誤りが観察されても不思議ではない．しかしながら，そのような誤りは1文もなく，また主語とコピュラー動詞の置換が正しく起こっている例 (19) や日本語にない前置詞残置関

係節の例 (26) なども産出された。このように，スクランブリングのメカニズムによって WH 移動が習得されているという仮説は，ここで観察した事実をうまく説明できないことになる。

4.5. まとめ

　本章では，第3章で紹介した2種類の短期海外英語研修プログラムに参加した学部生と大学院生のミシガンテストの英作文に見られた統語上の特徴について理論的な分析を提示した。第一の特徴—母語が pro-drop 言語であるのにもかかわらず，主語と目的語が第2言語においてほとんど欠落せず，また主格の格標示に全く誤りがなかったこと—については，機能範疇 T の EPP 素性との照合のため主語繰り上げが起こり，時制によって主格が付与されるという普遍文法の操作であるという考え方から適切に説明できると述べた。第2の特徴—WH 移動にほとんど誤りがなかったこと—については，機能範疇 C の EPP 素性により指定部が要求され，その CP 指定部への WH 句の移動によって WH 素性の照合がおこなわれるという観点から適切に説明できると述べた。

　以上のような説明が妥当なものであるとすれば，これらの統語派生の習得においてほとんど母語の転移が見られなかったのは，これらがすべてスペルアウトまでの統語部門での操作である点から考え，問題なく理解できる結果であるという結論に至った。換言すれば，このような統語部門での"successful"な第2言語習得は普遍文法へのアクセスを示唆するもので，この成果は先に概観した先行研究の主張を傍証するものである。

注
1　第3章に述べたように，本分析の対象となった英作文は，ミシガンテストの一部とし

て，与えられた課題について 30 分の制限時間内に作成したもので，発話文とは異なる。しかしながら，本書では，作文の産出過程は発話過程に類似するという前提に立ち，本章で検証する仮説は作文にも適用できるものであると考える。
2 英語非母語話者にとってオハイオ州立大学の学部入学に必要なミシガンテストスコアは 79 点以上（TOEFL Paper 527，CBT 197，IBT 71）であるから，H グループの平均点でもそれよりは少し低いことになる。
3 本書では，母語で主語の位置に空代名詞 pro が現れる現象を「主語の省略」，第 2 言語で学習者が産出した誤りを「主語の欠落」と表記する。なお，目的語の位置に現れる空代名詞 pro についても「省略」「欠落」を同様に区別して用いる。
4 被験者 Patty は 1953 年インドネシア生まれ。1976 年，22 歳の時に米国に移住。学部卒業後，1982 年に修士号取得（Lardiere 2007）。
5 被験者 SD は，40 歳の時にトルコからカナダに移住した女性で，実験開始時は 50 歳であった。
6 この予測が妥当なものであることが大学生の英語力を調査した本研究の結果によって実証的に証明されることになる。以下の 4.2.2 節を参照のこと。
7 英語の場合，代名詞以外（固有名詞・普通名詞）には，主格は具現化されない。
8 時制節は，それが主文節，補文節に係わりなく，1 つの文として見なした。
9 主語の欠落として分類された 5 文の中，残りの 2 文は '主語らしき' 代名詞が現れているが，それが誰（あるいは何）を指すのか意味不明のものであった。

(i) a. Second, they led to gain many informations easily.
   b. There are many things to do, but it depends on the person's belief or religion.

10 日本語のように主語の省略を許容するスペイン語母語話者の英語の状況は異なるようである。Phinney (1987) の調査よると，プエルトリコ大学マヤグエズ校（Mayaguez）で基礎英語 I を履修している学生の英作文では，主語と動詞の一致が正しい場合は主語の欠落が 7%，間違っている場合は主語の欠落が 29% 見られた。同様に，基礎英語 II を履修している学生の英作文では，主語と動詞の一致は主語の欠落が 6%，間違っている場合は主語の欠落が 3% 見られた。なお，日本語と同様に空主語や空目的語を許容する中国語や韓国語の母語話者の英語に関しては，Yuan (1997) や Park (2004) を参照。
11 母語の英語習得では Optional Infinitive 期と呼ばれる主語の省略期が見られるが，Haznedar and Schwartz (1997) によると，母語がトルコ語の子供が第 2 言語英語を習得する過程においてこのような無声主語期は見られなかったことを報告している。

Schwartz and Sprouse (1994) の FullTransfer/Full Access を前提に，母語の文法を第2言語の文法の初期文法と考える Sorace (1999) はこのような Optional Infinitives が第2言語の任意的な文法事項に関係していることは認知的に考えがたいと述べている。

12 補足すると，欠落した12個の目的語の中，10個が文中に先行詞を持ち，2個が先行詞を持たないものであった。そして，その先行詞を持たず欠落した目的語は，たとえば，以下の (i) のように，主語が特定の意味を持たない"一般的なもの"であった。

  (i) Because keeping (things) is very important for human life.

13 動詞の習得はその構造も含めて語彙学習 (lexical learning) の一部であるという前提に立てば，ある動詞の学習が完全でない場合，その実際の運用が不安定であることは十分に理解できる点である。

14 しかしながら，Wakabayashi and Negishi (2003) では，日本語を母語とする大学生にとって，英語の主語の産出の方が目的語の産出よりはるかに容易であったという結果が提示されている。

15 最近の理論の枠組みでは，WH移動は「コピー」-「削除」という概念で捉え直されているが，スクランブリングでの表記と統一性を保つため，ここでは従来の「移動」「痕跡」という概念を用いることとする。なお，このことは議論の展開に影響を与えない。

16 日本語では，以下の例にあるように，yes-no 疑問文 (ib)，WH 疑問文 (ic) であっても，肯定文 (ia) と同様に，主語-動詞の置換は起こらず，疑問符「か」が文末に現れる。

  (i) a. コミュニケーションでは<u>インターネット</u>が重要<u>です</u>。
     b. コミュニケーションでは<u>インターネット</u>が重要<u>です</u>**か**。
     c. コミュニケーションでは<u>インターネット</u>が**なぜ**重要<u>です</u>**か**。

17 Hawkins and Hattori (2006) では，日本語を母語とする英語学習者を被験者として英語の複数疑問詞疑問文について優位の条件 (Superiority Condition) ―たとえば，'Who bought what?' vs. '*What did who buy?' ―の理解を調査した結果，彼らは WH 移動を駆動する素性 [WH] を習得することは不可能で，WH 移動であるかのように見える移動は実際には「義務的なスクランブリング」であると主張した。ただし，Umeda (2005)，Belikova and White (2009) 参照のこと。

18 Yamashita (2007) では，日本語母語話者の高校生と大学生 (68人) による WH 移動につ

いて調査した結果，理解においても，また産出においても，前置詞残置構文の方が日本語の後置詞句随伴に類似した前置詞句随伴の文より容易であった，という結果が報告されている。
19 したがって，日本語を母語とする英語学習者が WH 移動をスクランブリング操作として習得するという Hawkins and Hattori (2006) の主張は，その説明の論理的根拠があいまいであるように思われる。この点については今後の十分な検証が待たれる。
20 より厳密には，「狭義の統語部門」(narrow syntax)である。
21 「島の条件」(island condition)とも呼ばれる。
22 しかし，Masumoto(2008)や Masumoto and Nakayama(2009)では英語母語話者の日本語学習者が「彼」・「彼女」を束縛変項として解釈することができる例(母語転移)を報告している。
23 性(gender)を素性として含む言語もある。たとえば，ロマンス語などがそうである。
24 前者は解釈不可能(uninterpretable)，後者は解釈可能(interpretable)な素性で，(29)にあるように，解釈不可能な素性は照合によって削除されなければならない(詳細は Radford 2009，渡辺 2005)。
25 ただし，日本語ではTに［TENSE］素性があるというのが標準的な見解である (Takezawa 1987，三原・平岩 2006)。

第 5 章
参加者の英語　音韻・形態

5.1. はじめに

　前章では，2つの海外英語研修プログラム(SSEP・SHEP)に参加した学部生と大学院生の英語の習得に関して統語上の特徴，特に空主語，空目的語，格標示，WH移動を論じた。本章では，音韻形態素上の特徴について考察する[1]。詳細に入る前に再度確認しておくと，調査に用いた資料は，前章のものと同じく，2005年から2007年までの3年間にプログラム参加者44名が研修修了時に受けたミシガンテストの英作文の中，ミシガンテストスコアが低い者15名と高い者15名の英作文である。ミシガンテストスコアの低いLグループと高いHグループの平均点はそれぞれ52.73点(標準偏差5.8)，78.07点(標準偏差5.46)で，両グループ間には統計的に有意差($t(28) = -12.32$, $p < 0.000$)があった。

　白畑・若林・須田(2004)によると，第2言語学習者の誤りの上位に冠詞，名詞の複数形，動詞の接辞を挙げている。特に最近の研究では，動詞の屈折形態素の誤りに関する調査が数多く実施されるようになった(Haznedar and Schwartz 1997, Lardiere 1998a, b, Prévost and White 2000a, Ionin and Wexler 2002, White 2003, 2004)。たとえば，Haznedar(2001)は英語習得中のトルコ語母語話者の子供が適切に用いたのは，3人称単数の *-s* が46.5％，また規則動詞の過去形 *-ed* が25.5％であったと報告している。Ionin and Wexler(2002)では，20人のロシア語母語話者の子供の発話資料を分析し，3人称単数の *-s* は22％，また規則動詞の過去形形態素 *-ed* は42％の低い比率

でしか適切に用いることができなかったと述べている。Ladiere (1998a, b) では，中国語母語話者の大人の発話と電子メールを分析し，3人称単数 -s が 4.5%，規則動詞の過去形 -ed が 34% の低い習得率であったと報告している。代表的な誤りとして，以下のようなものがあった。

（1）a.　Girl play with toy.　　　　　　　　　　（Ionin and Wexler 2002）
　　　b.　everyone who believe it can get it.　　　　　（Lardiere 1998a）
　　　c.　Thank God, right now, the computer correct everything.（White 2003）
（2）a.　One time I watch this movie.　　　　　　（Ionin and Wexler 2002）
　　　b.　M. Want to go too; her sister said no; she never come.（Lardiere 1998a）

（1）は3人称単数 -s の誤り，（2）は過去形の規則変化 -ed と不規則変化の誤りである。

　このように動詞の屈折形態素が第2言語習得者の間に頻繁に欠落する現象について，その誤りの要因を解明する試みが提案されてきた。たとえば，Eubank et al. (1997) や Beck (1998) は屈折形態素の欠落は中間言語の文法に機能範疇がないからであると考える。つまり，統語文法に問題があるとする。Hawkins and Chan (1997)，Hawkins (2001, 2005)，Hawkins and Liszka (2003) は，母語の文法において活性化されなかった形式素性は第2言語ではすでにアクセスできなくなっているため，習得ができないと主張する (Franceschina 2001)。つまり，大人の第2言語習得では母語で活性化した形式素性のみが利用できると考えるのである。これが Representational Deficit Hypothesis (RDH) と呼ばれる仮説である。他方，Haznedar and Schwartz (1997) は第2言語学習者の文法はすべての形式素性を含むので，習得過程において何ら問題は生じず，（1）～（2）で見たような屈折形態素の誤りは抽象素性から音韻形態へのマッピング時に起こる表層上の問題と考える (Lardiere 2000, Prévost and White 2000a, b)。Prévost and White (2000b: 108) は「屈折形態素がないのは抽象素性レベルというよりむしろ表層形態のレベ

ルである」と述べている。これが Missing Surface Inflection Hypothesis (MSIH) と呼ばれる仮説である。

特に，近年の試みとして，このマッピングの問題をプロソディーの観点から説明しようとするものがある。すなわち，母語と第2言語の間に生じるプロソディー構造の違いから第2言語話者の屈折形態素の可変 (variation) が起こるのではないかという考え方である (White 2003, Goad and White 2004, 2006, Prévost 2008b)。より正確には，母語の屈折形態素がプロソディー語 (prosodic word) の右端に単に付加する (adjunction) のか，あるいはその内部構造の一部としてその中に取り込まれるのか，その両者の違いが習得を大きく左右すると考えるのである (White 2003, Goad and White 2004, Goad 2008, White 2008)。換言すれば，英語の場合，屈折形態素は付加操作であるため，母語のそれが同じ操作であれば問題は生じないが，他方そうでなければ，可変性が生じると予測されるわけである。これが Prosodic Transfer Hypothesis (PTH) と呼ばれる仮説である。

以下では，このような3つの仮説 (RDH, MSIH, PTH) の妥当性について日本語母語話者による英語習得の調査結果から検証してみることとする。

5.2. 日本語の屈折形態素

日本語には，英語と異なり，主語と動詞の一致により照合されるべき「人称」・「数」，また名詞の数の一致により照合されるべき［単数／複数］の形式素性が存在しない。

（3）　ジョン／私たちは毎朝駅まで歩く。
　　　'John walks/We walk to the station every day.'
（4）a.　ジョンは妹が1人／2人いる。
　　　'John has one sister/two sisters.'
　　b.　その子供は1つ／2つのりんごをもう食べてしまった。

'The child has already eaten one apple/two apples.'

　日本語では，(3)にあるように，主語が3人称単数の「ジョン」であっても1人称複数の「私たち」であっても，動詞「歩く」は形態的に語尾変化しない[2]。また，(4)にあるように，単数と複数を区別しないので，「妹」(4a)や「りんご」(4b)などの名詞は数詞の「1」や「2」によって形態素的にまったく影響を受けない。他方，英語の場合，翻訳に示したように，主語が「ジョン」の時は動詞に3人称単数の -s, 名詞の複数形 (*sisters, apples*) には複数形の -s が必要である。このような英語と日本語の違いを踏まえれば，上記の3つの仮説（RDH, MSIH, PTH）は日本語母語話者の英語習得についてどのように予測するだろうか。

　RDH (Hawkins and Chan 1997, Franceschina 2001, Hawkins 2001, 2005, Hawkins and Liszka 2003) では，母語の日本語に3人称単数の形式素性［3sg］や複数素性［plural］がないため，日本語を母語とする英語学習者にとって動詞や名詞の -s は習得できないと予測される。その結果，両方の屈折形態素とも欠落することになる。一方，MSIH (Prévost and White 2000a, b, Lardiere 2000) では，第2言語の屈折形態素 -s に対応するものが母語に存在しないから，日本語を母語とする英語学習者は抽象素性から音韻形態上の具現化においてマッピングの問題が起こると予測される。さらに，PTH (Goad and White 2004, Prévost and White 2000a, Goad 2008) のように，このマッピングの問題を prosodic word の構造において捉えようとすれば，母語に存在しない3人称単数の -s と名詞複数形の -s は同じ程度の困難さが生じなければならない。つまり，RDH では母語における形式素性 -s の不活性化のため，日本語母語英語学習者にとって3人称単数や名詞複数形は習得できず，この困難さは学習者の英語習熟度によって改善することはないと考えられる。他方，MSIH と PTH では，これらの形式素性が習得できないということではなく，習得されても，母語の影響によりこれらは表層上の産出に可変性が見られるだろうと予測される。母語の転移がどれだけ継続するか

という問題に関しては，学習者がいかに早く第2言語の屈折形態素の有声具現化に敏感になるかによるだろうという意見(White 2003: 139)がある。

　これらの予測を踏まえて，海外研修参加者の英作文を引き続き分析してみよう。以下では，次のように検証を進めていく。まず日本語を母語とする英語学習者による屈折形態素の習得に関する先行研究を概観し(5.3節)，続いて参加者の動詞の屈折形態素— 3人称単数(5.4節)，過去形(5.5節)—の習得を分析する。そして，その習得過程について理論的な説明を提示する(5.6節)。さらに，名詞複数形の屈折形態素の習得について検証し(5.7節)，日本語母語話者による英語の動詞と名詞の形態素習得に関して比較分析を行う(5.8節)。5.9節は本章のまとめである。

5.3. 先行研究

　Wakabayashi(1997)は，日本語母語話者による3人称単数 -s の習得を文法性判断(grammatical judgment)と自己速度読解法(self-paced reading task)に基づき調査した。その結果によると，中級レベルと上級レベルの日本語を母語とする英語学習者は3人称単数 -s が省略された非文法的な文に関してはそれほど敏感ではなかったのに対し，-s が過剰生成された非文法的な文に関しては敏感であったことがわかった。特に，上級者は -s が過剰生成された非文法的な文はいずれの場合においても誤りとして排除したのに対し，中級者は数の素性の一致しない，たとえば(5b, c)のような非文法的な文については敏感ではなかったのに対し，人称の素性の一致しない，たとえば(5a)のような非文法的な文については敏感であった，と報告している。

（5）a. I hear that you go/*goes to the pub, but I have never seen you there.
　　 b. I think that Tom and Susan like/*likes to go to the beach, so I will ask if I can go with them.
　　 c. The teacher thinks the students like/*likes discussions more than lec-

tures, but this is not true.

　このような，中級レベルの英語学習者の間に見られる数と人称の誤りの違いについて，Wakabayashi（1997）では，日本語には人称素性の一致はあるが，数素性の一致はないためであるか，あるいはこれらの2つの素性の違い，つまり人称素性は名詞に潜在的なものであるのに対し，数素性は任意であることによるものであるからであるか，そのいずれかが要因であろうと述べている[3]。そして基本形（bare form）の動詞は数素性がないため，3人称単数の -s が欠落した文については学習者がそれほど敏感でないと考え，したがって人称素性には早くから敏感であっても数素性の発達は遅いと説明している。

　この Wakabayashi（1997）の結論を支持するものに，Wakabayashi et al.（2007）の調査がある。この論文では，ERP（Event-related Potential）を用いて実験を行い，人称素性と数素性の違いを報告している。(6a)のような人称素性の不一致には P600 という統語的に非文法的な場合に見られる脳の反応が観察されたのに対し，(6b, c)のような数素性の不一致には P600 が見られなかった，というのである。

(6) a. *I answers your letter.
　　b. *The teachers answers the questions.
　　c. *Sue and Adam answers our questions.

　さらに Shibuya and Wakabayashi（2008）では，3人称単数の -s について自己速度読解法で文法的な文と(7)のような過剰生成・欠落の非文法的な文を，日本語を母語とする中級レベルの英語学習者に対して読むように指示し，両者の間で読み時間の違いの有無について調査を行った。

(7) a. *You eats a good meal for health everyday.

b. *Tim and Paul bakes an apple pie every Sunday.
c. *The chefs cooks the shrimp in butter every time.
d. *These two secretaries gets a cup of coffee for their boss every morning.
e. *The child speak a lot of English during dinner.

　その結果，文法的な文と非文法的な文(7a, b, d)の間に統計的に有意な読み時間の違いがあったのに対し，(7c)との間には違いはなく，また，(7e)とでは文法的な文の読み時間の方が有意に長かった。すなわち，日本語を母語とする英語学習者は英語母語話者と同様に，(7a)の読み時間が長かったので，人称素性の不一致に敏感で，また(7b, d)の読み時間が長かった点から数素性の不一致にも敏感であると分析した。一方(7c)のように，名詞の複数が形態素 -s によってだけ表示された場合はあまり敏感ではないことがわかったと述べている。

　つまり，日本語を母語とする英語学習者は，自由形態素や統語的(たとえば，and 等)に複数が表示される場合と比べると，束縛形態素だけで複数が表された場合，非文法性に敏感でないことが明らかになった。これらの結果から，少なくとも中級レベルの学習者には，形態素標示と形式素性の両方に問題が生じると Shibuya and Wakabayashi (2008) は結論付けた。ここで留意しなければならないのは，上級レベルの学習者が -s の過剰生成は非文法的な文として認識できたという点 (Wakabayashi 1997) である。その事実から考えれば，数素性の一致は習得できるものであると予測されるわけである[4]。

　それでは，以上の先行研究の結果を踏まえ，以下，2つの海外研修参加者による英作文の分析に進むことにしよう。

5.4. 3人称単数 -s

　表1は，一般動詞(thematic verbs)の現在形の正誤数を，また表2は3人称単数 -s の欠落率をそれぞれ示す。なお，表1の「誤単数」は -s の過剰生

成，そして「誤複数」は -s の欠落を意味する。ミシガンテストスコアの低いLグループでは20の誤った一般動詞形が見られ，Hグループでは8つの誤りが観察された。また，表2に示すように，3人称単数 -s の欠落率は，Lグループでは35箇所の中，19箇所で欠落し，41.9%（標準偏差0.45），一方Hグループでは34箇所の中，7箇所で欠落し，12.7%の比率（標準偏差0.21）であった。両グループの -s 欠落率の差異は統計的に有意であった（$t(28) = 2.275$, $p<.031$）。なお，前章と同様に，本章の表にある比率（%）はすべて各参加者の平均値を平均したものである。

表1　一般動詞の現在形―単数と複数

グループ	正			誤		
	単数	複数	計	単数	複数	計
L	16	57	73	1	19	20
H	27	126	153	1	7	8
計	43	183	226	2	26	28

表2　3人称単数 -s の欠落率

グループ	-s 欠落			複数形の正確さ		
	無	計	%	有	計	%
L	19	35	41.9	57	58	99.5
H	7	34	12.7	126	127	97.8
計	26	69	27.3	183	185	98.7

(8)と(9)は規則動詞と不規則動詞における3人称単数の誤りの例である。

(8)　規則動詞の -s の欠落例

　　a.　*But if we use search engine on the internet, it reduce the time …

　　b.　*.., but the average tempracher become much hotter all over the world.

　　c.　*Also the internet cause some problems.

（9） 不規則動詞 *has/have* の例
    a. *This invention have some positive effects and negative effects.
    b. *This week have another nation's holiday.

-*s* を誤って挿入しなかった学生数は 13 人（L グループ 8 人，H グループ 5 人）で，-*s* の過剰生成はそれが不要な 185 の場所の中，2 例のみ（1.1%）であった。つまり，-*s* は過剰生成より欠落の方がよく見られる誤りであることがわかった。

5.5. 過去形

表 3 は，一般動詞の過去形 -*ed*（助動詞や be 動詞は除く）の欠落についてまとめたものである。表では，正しい使用数を表し，括弧の中の数字は -*ed* の欠落数を示す。欠落率は，過剰生成の誤りを除いたものである。

表 3　動詞過去形の屈折形態素の有無

グループ	過去形 規則	過去形 不規則	計	欠落(%)
L	5(1)	2(1)	7(2)	2.67
H	7(1)	7(2)	14(3)	8.89
計	12(2)	9(3)	21(5)	5.78

過去形形態素の欠落はいずれのグループにおいても比較的少なく，L グループでは 2.67%，H グループでは 8.89% であった。この両グループの違いに統計的な有意差はなかった（$t(28) = -0.844$, $p < 0.406$）。L グループの 2 つの誤りは，1 人の学習者によって産出されたもので，H グループの 3 つの誤りは 2 人によって産出されたものであった。したがって，過去形の形態素の習得率は表 3 の欠落率（%）から考えられるよりも実際的には高い可能性

がある。

たとえば，以下のような誤りが見られた。

(10) a. *In 1903, Wight brothers succeed in first fight in the U.S.
   b. *...when I take part in this SSEP program, I send documents by e-mail.
   c. *...when you go to NY from Tokyo, it took almost 30 days by ship.

(10a)は -ed の欠落，(10b)はHグループの1人によって産出された不規則動詞の誤り，(10c)は過去形 took が正しく用いられているにもかかわらず，went であるべき動詞に go が誤って用いられた例である。

さらに，Lグループでは6例(1例の規則動詞，5例の不規則動詞)，そしてHグループでは3例(1例の規則動詞，2例の不規則動詞)の過剰生成の誤りが見られた。これらの誤りのほとんどは，(11)にあるように，学習者がアスペクトとテンス(時制)を概念的に区別できないために生じたもののようである。したがって，-ed の過剰生成は単に屈折形態素の誤りとして捉えるのは適切ではないかもしれない。

(11) a. *The invention of the call phone gave people more convenient.
   b. *In my opinion, we have not to forget important things we experienced.
   c. *If I traveled to somewhere, I can send E-mail or call for my family.

これらの文が現れた文脈を考慮すれば，正しくは，*has given* (11a)，*have experienced* (11b)，*travel* (11c)がそれぞれ適切であると判断される。

助動詞の過去形では，(12)にあるように，Lグループで2例，Hグループで4例(2例の現在形，4例の過剰生成)，計6例の誤りが観察された。

(12) a. *However, after the plane was invented, people can go to far places more faster and ....

b. *Before you can see the Internet on cell fone, you used the Internet only with computer.

　興味深い点は，学習者が1つの文において，ある節では過去形を正しく用い，別の節では現在形を誤って用いていることである。これは，日本語を母語とする英語学習者が「時間の経過」を英語どのように表現したらよいのかはっきり理解していないことに起因する問題ではないだろうか[5]。

5.6. T-lowering と語彙挿入

　これまでの発話中心のデータに基づく先行研究（White 2003, Lardiere 1998a, b, 2000, Ionin and Wexler 2002）に加えて，本書では海外英語研修者の英作文を主体にして分析を進めてきた。ここまでの分析結果は先行研究のものと類似している。すなわち，第2言語の英語の習得において，動詞の屈折形態素の -s, -ed の可変的な使用と前章で見た主語や主格標示のほぼ正確な使用との間に大きな差異が生じる点である。本節では，このような違いがどこに起因するものであるのかを言語理論に則って考えてみたい。

5.6.1. PF インターフェイス

　前章に引き続いて，Chomsky（2001）の極小理論の枠組み内で(13)のような文法モデルを想定する（第4章(28)）。機能範疇は文構造を生成するのに重要な役割を担い，統語部門で派生する構造はスペルアウト以後に音韻形態表示のため PF（音韻部門）インターフェイスに送られることになる（Hall and Marantz 2000, Embick and Marantz 2008）。つまり，スペルアウトで PF と LF の分離がなされ，PF での算出に必要な情報のみが PF インターフェイスに行くわけである（渡辺 2005）。

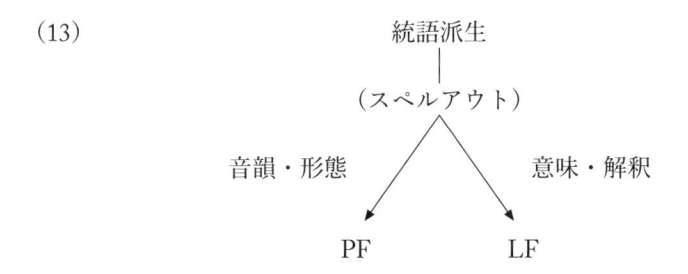

(13)　　　　　　　統語派生
　　　　　　　　　　｜
　　　　　　　　（スペルアウト）
　　　　　音韻・形態　　　　意味・解釈
　　　　　　　↙　　　　　　　↘
　　　　　　PF　　　　　　　　LF

　第4章で述べたように，主格標示や主語繰り上げは EPP 素性照合や素性の値化に駆動されて，PF-LF 分離以前に，つまり統語部門での統合によって派生すると想定する。そして，その派生構造は PF 算出に必要な抽象素性を持って PF インターフェイスに進み，PF レベルでは，これらの素性が語彙挿入 (lexical insertion) によって音韻形態素的に具現化されると考えることにする。より具体的には，統語部門において値化された素性（たとえば，時制の［Present］や主語の［3rd person］［plural］）に適切な語彙や形態素（3 人称単数の *-s* や *they*）が PF において挿入されることになる (Radford 1997, 2009)[6]。

　たとえば，*she answered the question* を例に取ってこの PF レベルでの語彙挿入のメカニズムを考えてみよう。(14a) に示したように，主語の *she* は VP の指定部に現れ，そして (14b) にあるように EPP 素性のチェックのために TP の指定部に上昇する。(14a) の T にある，値のない人称素性［u-Pers］と数素性［u-Num］は (14b) にあるように主語の *she* と一致することで値化（［3rd-Pers］，［Sg-Num］）される。それと同時に，主語は T の時制によって主格が付与される。そして，*she* の格や T の人称素と数素は解釈不可能な素性なので，ここで削除されることになる。

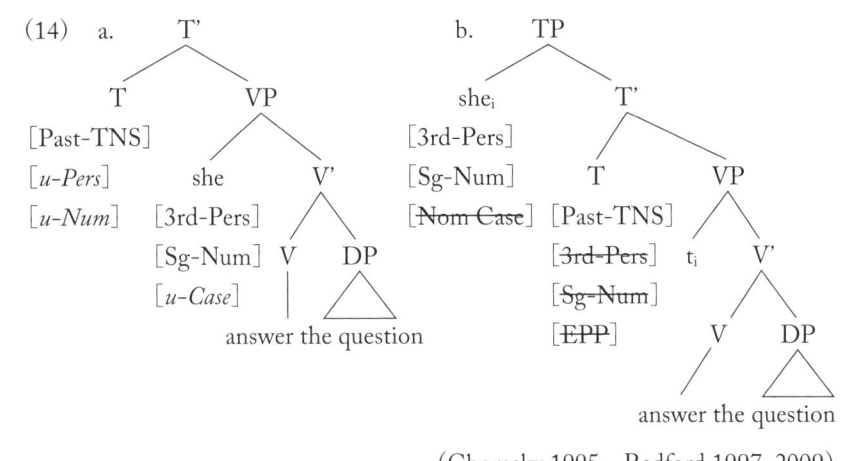

第 5 章　参加者の英語　音韻・形態　93

(14)　a.　　　　T'
　　　　　　／＼
　　　　　T　　VP
　　　[Past-TNS]　／＼
　　　[u-Pers]　she　V'
　　　[u-Num]　[3rd-Pers]／＼
　　　　　　　　[Sg-Num]　V　DP
　　　　　　　　[u-Case]　｜　△
　　　　　　　　　　answer the question

　　b.　　　　　　TP
　　　　　　　／＼
　　　　　she_i　　T'
　　　　[3rd-Pers]　／＼
　　　　[Sg-Num]　T　　VP
　　　　[~~Nom Case~~]　[Past-TNS]／＼
　　　　　　　　　　[~~3rd-Pers~~]　t_i　V'
　　　　　　　　　　[~~Sg-Num~~]　　／＼
　　　　　　　　　　[~~EPP~~]　　　V　DP
　　　　　　　　　　　　　　　　　　　△
　　　　　　　　　　　　　　answer the question

(Chomsky 1995, Radford 1997, 2009)

　(14b) が PF インターフェイスに行く派生構造である．なお，PF での音韻形態素化のためには，Radford (2009: 244 (14)) も述べているように，LF レベルでの意味解釈のためにスペルアウトにて削除された解釈不可能な素性は PF では可視できることを前提にする必要がある．もし可視できないとすれば，語彙挿入は不可能となり，その結果，屈折形態素がすべて音韻形態素化されないという，事実とは相反することとなってしまうため，この前提は妥当なものであると考えられる．英語では T の時制形態素は「弱い」（weak）ので，動詞を V から T に attract できず，(15) に示したように，T は V に下降する．つまり，T-lowering (Embick and Marantz 2008 (56)) が起こると考えられる．続いて，V に付いた T (素性 [Past]) に -ed が挿入（マッピング）され，その結果，*answered* となるわけである．

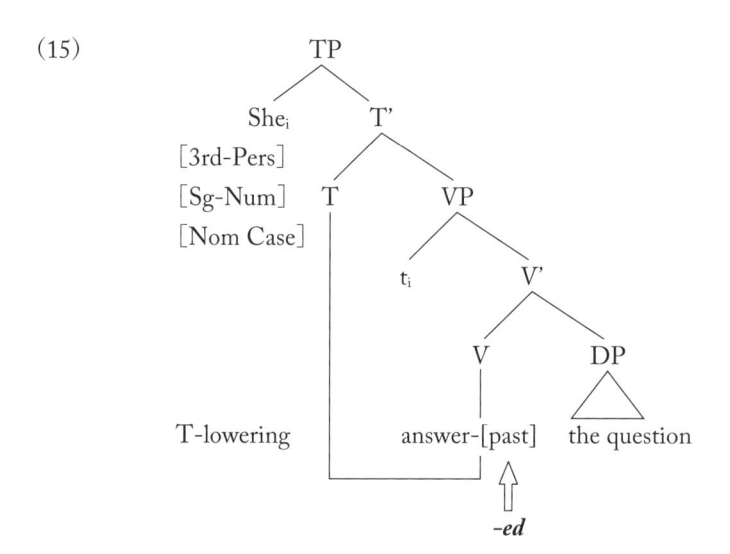

(15)
```
                    TP
                   /  \
                 She_i  T'
              [3rd-Pers] / \
              [Sg-Num]  T   VP
              [Nom Case]   /  \
                          t_i  V'
                              / \
                             V   DP
                             |    △
     T-lowering          answer-[past]  the question
                              ↑
                             -ed
```

5.6.2. 音韻形態素の具現化─日英語の違い

　上の (13)〜(15) に基づき，これまでの調査結果─日本語を母語とする英語学習者にとって過去形の -ed は習得が比較的容易であるのに対し，3 人称単数の -s はむずかしいこと（両者の欠落率は統計的に有意 $t(29) = 2.610$, $p<.014$）─について眺めてみよう。まず，英語 (14) において派生した構造が PF に送り出され，続いて，照合を経た素性（[Past] [3rd person] [Singular]）が音韻形態的に具現化する過程 (15) となる。具現化する際，これらの素性が T-lowering によって動詞に付加されてから，-ed あるいは -s が語彙的に挿入されると想定する[7]。ここで問題となるのが母語からの音韻形態上の影響であろう。

　日本語において抽象的な素性が具現化するとき，英語と同じように，時制の区別（「現在／非過去」か「過去」）は音韻形態素的に具現化される。

(16) a.　ジョン／私たちは毎朝歩いて学校に行<u>く</u>。
　　 b.　私たちは昨日映画を見に行<u>った</u>。

(16)からわかるように，[-Past] の場合，動詞は u，一方［+Past］の場合，それは ta でそれぞれ表示される。この PF レベルでの u と ta の区別は，英語の -ed の場合と同じく，T-lowering に続いて素性が音韻形態素化される時に実際に具現化されると想定することができる。

　他方，先の例(3)「ジョン／私たちは毎朝駅まで歩く」で見たように，日本語の場合，動詞に関して数素性［Number］がないため，主語が 3 人称単数の「ジョン」あるいは 1 人称複数の「私たち」に係わらず，動詞は u で終わる。したがって，第 2 言語習得は母語の影響を受けると考えれば，過去形の -ed よりも 3 人称単数の -s により多くの誤りが生じることになっても，それはそれほど不思議な現象ではないわけである。

　以上，まとめると，日本語母語英語学習者は，英語では数素性が主語と動詞の一致に係わり，［3rd Person, Singular］の場合，T-lowering の後に -s をマッピングしなければならないことを新たに学ばなければならず，その結果，3 人称単数 -s が過去形 -ed よりも習得がむずかしいのはそれほど理解しがたい点ではないと考えられる[8]。このように，上の分析で明らかになった結果—すなわち，日本語を母語とする英語学習者は -ed より 3 人称 -s に誤りが多いこと—は母語の正負の転移から適切に説明することができると考えられる[9]。

　さて，ここで提案した PF レベルでの音韻形態素マッピング分析が妥当なものであるとすれば，日本語を母語とする英語学習者の動詞の形態素の誤りは形式素性に関する文法知識が習得できず，中間言語においてそれが欠如しているのではなく，形式素性は習得できるのであるが，その表層上で起こるべき音韻形態素の具現化に問題があるという説明となる。つまり，ここでの分析は，先に概観した RDH (Hawkins and Chan 1997, Franceschina 2001, Hawkins 2001, 2005, Hawkins and Liszka 2003) の主張—形態素が母語にないから，第 2 言語では習得不可能である—を支持するものではなく，MSIH (Prévost and White 2000a, b, Prévost 2008a, b)，特に PTH (Goad and White 2004, White 2008) の考え方—母語の音韻からの転移が形態素の具現化に影

響を与える―と基本的に類似するものであるように思える。ただし，この点に関して結論を出す前に，ここで採り上げた2つの形態素の具現化について英語の習熟度別による違いが見られるのか，あるいは他の形態素の習得過程でも同じような傾向が見られるのか，等についてもう少し詳細に資料を検証する必要があるように思われる。

5.6.3. -s 対 -ed

そこで，まず2種類の動詞形態素の習得過程をグループ別に比較して見てみよう。表4は3人称単数 -s と過去形 -ed の誤りの違いを示すものである。

表4　欠落率の比較―「3人称単数」対「過去形」

グループ	-s の欠落 平均	標準偏差	-ed の欠落 平均	標準偏差	t 値	p 値
L	0.42	0.45	0.03	0.10	$t(14) = 3.861$	$p < 0.002$
H	0.13	0.21	0.08	0.27	$t(14) = 0.711$	$p < 0.109$
計	0.27	0.36	0.06	0.20	$t(29) = 3.339$	$p < 0.002$

-s と -ed の欠落率を比較して見られる違いは，習熟度の高いHグループで有意差がなかった（$t(14) = 0.711$, $p < .109$）のに対し，習熟度の低いLグループでは有意差があった（$t(14) = 3.861$, $p < .002$）ことである。全体としては，統計的に有意差がみられた（$t(29) = 3.339$, $p < .002$）。これらの結果は，3人称単数 -s と過去形 -ed の誤りの比率が英語の習熟度が上がるにつれて変化したことを示している。すなわち，Lグループの参加者にとって3人称単数 -s の方が過去形 -ed よりむずかしいのに対し，Hグループの参加者にとってそのような差異はなかったと判断できる。

これらの結果から，日本語を母語とする英語学習者にとって，-ed は学習の早期段階から習得が比較的容易な形態素であるけれども，3人称単数 -s は

初級レベルの学習者にとってはむずかしく，しかしながら習熟度が上がるのに比例してその習得率は向上することが理解できる。つまり，学習の早期段階では音韻形態素のマッピングは母語の影響を受けるのだが，習熟度の向上とともにその負の母語転移が減少する傾向にあることを示唆している。このことは，MSIH や PTH では予測できない結果である。

5.7. 名詞の複数形屈折形態素 -s

それでは，名詞の複数形屈折形態素 -s がどのように習得されているのかを見ていくことにしよう。表 5 は，研修参加者の英作文において義務的に必要とされる環境で複数形屈折形態素 -s が欠落した比率を示すものである。

表 5　名詞複数形の -s の欠落

グループ	必要箇所	出現(%)	欠落(%)
L	158	123(79.4)	35(20.6)
H	160	116(76.4)	44(23.6)

名詞複数形 -s の欠落は，L グループで 35 例 (20.6%)，H グループで 44 例 (23.6%) がそれぞれ観察され，両グループ間には統計的に有意差はなかった ($t(28) = -0.501$, $p < .620$)。以下で詳細に分析することにするが，これは 3 人称単数 -s の場合 ($t(28) = 2.275$, $p < .031$) と顕著に異なる結果であった。

(17) は参加者の英作文に現れた複数形 -s の欠落の代表的な例である。

(17) a. Discoveries and inventions are very important <u>factor</u> for human culure developed.
　　b. Within the last 100 years, <u>human being</u> deveroped their wepons, especially nuclea <u>wepon</u>.
　　c. Also, cellphones have lots of useful <u>function</u> and give us many services

like calling, e-mailing, video games, music, map and so on.

(17)からわかるように，学習者は同一文内で複数形を正しく，そしてまた誤って使用している。たとえば(17c)を見てみると，学習者は *cellephones*, *services*, *video games* のように複数形を正確に用いているのだが，*function* や *map* は複数形の -s が欠落している。このことは，日本語を母語とする英語学習者の中間言語に英語の複数形 -s に関する文法知識はあるのだが，義務的に必要な環境でこの知識を正確に適用できない場合もあることを示している。このような複数形 -s の可変的な使用は日本語を母語とする英語学習者にしばしば見られる現象で，欠落は参加者30人中の26人（Lグループ14人，Hグループ12人）の英作文において観察された。

表6は，複数形 -s の過剰使用を示すものである。可算名詞の場合，Lグループで3人によって使用された3例(2.0%)，またHグループでは5人によって使用された7例(4.2%)が観察された。

表6 複数形 -s の過剰使用―「可算名詞」対「不可算名詞」

グループ	可算名詞		不可算名詞	
	正/-s 無	誤/-s 有(%)	正/-s 無	誤/-s 有(%)
L(n = 15)	108	3(2.0)	114	7(3.3)
H(n = 15)	129	7(4.2)	148	8(2.4)

(18)は，可算名詞に見られた複数形 -s の過剰使用例である。

(18) a. Television has many good points. So we have to use them effectively, and should learn various knowledges from televisions.
   b. Transportation were by ships, by horses, or by walk.

原因として，普通名詞 *television*, *ship*, *horse* は，一般的に可算名詞であるに

も係わらず，このような場合は単数形で使用することを理解していなかったためであろうと考えられる。なお，可算名詞における参加者全体の複数形 -s の過剰使用率は 3.1%であった。

さらに，表 6 は不可算名詞にも複数形 -s が現れたことを示している。L グループでは 4 人によって 7 例（3.3%），また H グループでは 3 人によって 8 例（2.4%），合計 262 個の中で 15 例（2.8%）の過剰使用が観察された。ただし，複数形 -s の過剰使用が見られたのは次の 3 つの不加算名詞— *knowledge*, *information*, *communication* —についてだけであった[10]。可算名詞と不可算名詞における過剰使用の違いは統計的に有意ではなかった（$t(29) = 0.187, p < .853$）。つまり，日本語を母語とする英語学習者の場合，複数形の誤用は可算名詞と不可算名詞の区別に関係なく生じるということである。

5.8. 考察

ここまでの考察の結果をもう一度振り返ってみよう。分析の結果，次の 3 点が炙り出された。①研修参加者の英語では，3 人称単数 -s と名詞複数形 -s が義務的に必要な環境において欠落する。②動詞屈折形態素の欠落率は英語の習熟度が向上するに伴い改善するのに対し，名詞複数形態素の欠落率には英語の習熟度の影響があまり見られなかった。③動詞と名詞の 2 種類の屈折形態素の過剰使用は比較的少ない。まず，2 種類の -s が日本語を母語とする英語学習者にとって問題である点は，一見したところでは，RDH，MSIH，PTH の仮説のそれぞれの予測と一致しているように見える。というのは，日本語文法には［3 人称単数］や［複数］の素性が音韻形態素化される必要がなく，その結果，母語の負の転移が 3 人称単数 -s と名詞複数形 -s の欠落を引き起こすと考えられるからである。しかしながら，ここで注意深く検証しなければならないのは，屈折形態素の欠落にこのような影響を及ぼす母語の転移とはいったいどのようなものなのかという，母語転移の本質に関する問題である。つまり，文法知識の損失によるものなのか，それとも

表層上のマッピングの失敗なのかという点である。

　この疑問点に関連してくるのが2つ目の分析結果である。すなわち，動詞屈折素の欠落率は英語の習熟度の上昇に伴って減少するという事実である。もし3人称単数 -s が本質的に中間文法に欠損しているのであれば，それは習得不可能で，ここでの観察事実とは異なり，その習得率が学習者の習熟度によって変化することはなく，欠落率に影響が現れるはずがない。他方，PFレベルにおいて抽象素性から具現化へマッピングする際に問題が生じるからだと考えれば，第2言語の習熟度の伸びに比例して可変性が減少することは比較的容易に説明できるのである。もう少し端的に言えば，第2言語の習熟度が向上するということは，母語の影響が減少することに繋がるからである。したがって，ここでの分析結果は RDH ではなく，MSIH を間接的に支持することになると考えられる[11]。

　それでは，母語転移についてより具体的な仮説である PTH よって本調査の結果が説明できるだろうか。Hall and Marantz (1993) の基本的な提案に基づき，2種類の屈折形態素 -s が PF において具現化されると仮定すると，3人称単数の場合，(19)(= (15)) に示したように，T-lowering (Embick and Marantz 2008) によって動詞に付与された抽象的な素性［3rd Person］［Singular］は語彙挿入により -s が動詞の右端に現れることになる。

(19)

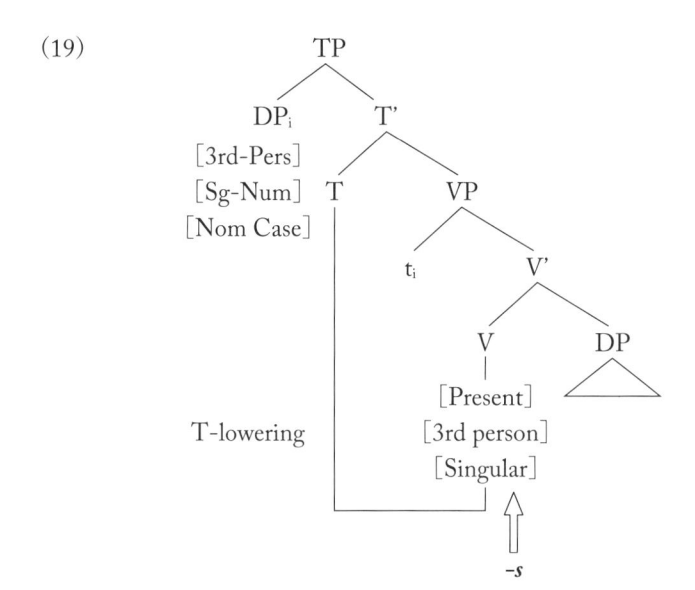

```
            TP
           /  \
         DPᵢ   T'
      [3rd-Pers]  / \
      [Sg-Num]  T   VP
      [Nom Case]   /  \
                  tᵢ   V'
                      /  \
                     V    DP
                  [Present]
     T-lowering   [3rd person]
                  [Singular]
                     ↑
                    -s
```

一方，名詞複数形の場合，(20) に示すように，PF において素性 [Plural] に -s が名詞の右端に挿入されると想定する。

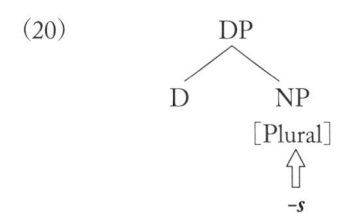

(20)

```
      DP
     /  \
    D    NP
      [Plural]
        ↑
       -s
```

　先に述べたように，2 種類の -s に対応する形態素がいずれも母語にないために，PTH は両者とも日本語を母語とする英語学習者にとって同様に習得するのがむずかしいと予測する。しかしながら，次ページの表 7 の結果を見ると，研修参加者の英語屈折形態素の付加においてそのような傾向は見られない。

表7　欠落率の比較―「3人称単数 -s」対「名詞複数形 -s」

グループ	3人称単数 -s 平均	標準偏差	複数形 -s 平均	標準偏差	3人称単数 対 複数形 t値	p値
L	0.42	0.45	0.21	0.14	$t(14) = 2.045$	$p < 0.060$
H	0.13	0.21	0.24	0.19	$t(14) = -1.559$	$p < 0.141$
計	0.27	0.38	0.22	0.16	$t(29) = 0.762$	$p < 0.452$

まず，3人称単数 -s と複数形 -s の欠落率を比較すると，前者はLグループで42％，Hグループで13％，後者はLグループで21％，Hグループで24％であった。さらに，3人称単数 -s と複数形 -s の欠落率を t- 検定で比較してみると，両者の差はHグループでは有意でなかった（$t(14) = -1.559$, $p < .141$）のに対し，Lグループでは有意傾向にあった（$t(14) = 2.045$, $p < .060$）。そして，全体の欠落率の差は有意でなかった（$t(29) = 0.762$, $p < .452$）。

これらの結果から，以下の2点が判明する。すなわち，①習熟度が低い参加者にとって3人称単数 -s の方が複数形 -s よりむずかしいこと[12]。しかしながら，②習熟度が高くなると，2種類の -s の間に難易度の差がほとんどなくなってくること。換言すると，3人称単数 -s の習得は英語の習熟度の向上に伴い進むのに対し，名詞複数形 -s の習得は時間がかかり，そう容易に改善されないことになる。したがって，日本語に両形態素に対応するものがない点を考えれば，ここでの分析結果はRDHを支持しない。また，(19) と (20) の前提に立てば，習熟度によって2種類の形態素 -s の習得率に差が生じ，そして習熟度の向上によって一方の形態素のみが習得度が上昇するというここでの結果は，MSIHやPTHを傍証できるものでもなかった。

　2種類の -s の過剰使用が少なかった点に関しては，次のように考えたい。3人称単数と名詞複数は日本語に存在しないので，日本語を母語とする英語学習者は -s を動詞に付加して3人称単数の一致を示さなければならないこと，また -s を名詞に付加して複数を示さなければならないこと，を習得過

程において学習する必要がある。このような形態素学習は関連規則の適用をも包括すると仮定すると，ここでの結果は第2言語習得者が新たに学習した規則を過剰に適用することを避ける傾向にあることを示しているようである。つまり，第2言語習得者は実際の規則使用において保守的であるということになる[13]。

最後に，なぜ3人称単数 -s より名詞複数形 -s の習得に時間がかかるのかという問題について考えてみたい。これと関係するのは，おそらく「数」が日本語でどのように表わされるかであろう。

(21) a. ジョンは昨日1冊／2冊の本を読んだ。
　　 b. その子供はランチにハンバーガーを1個／3個食べた。

(21)からわかるように，名詞「本」「ハンバーガー」は数（単／複）が英語のように形態素的に表示されていない。代わりに，日本語では名詞の数を示す役割は数量詞（一般的に，数詞「1・2・3」＋分類辞「冊」「個」）が果たす。母語におけるこのような数の語彙的な表わし方が英語での数素性と複数形態素 -s のマッピングに対する日本語を母語とする英語学習者の感受性を阻害してしまう要因になっているのではないだろうか。他方，動詞の3人称単数の場合，それを表わすのに他の表示方法がないため，英語学習において動詞形態素 -s の付加規則に敏感にならざるをえないのであろう。つまり，既存の概念（数）を表わす別の方法を学ぶよりは，まったく新しい概念の表示方法を学ぶ方が言語習得者にとって負担が少なく容易であるということになるだろうか。加えて，英語の名詞に関しては冠詞が係わってくることも問題をむずかしくする要因でもある。日本語に存在しない冠詞用法，冠詞使用の有無，冠詞（a, the, 無形）の選択を学習することは，名詞複数形 -s の習得をより一層むずかしいものにしているようである。

5.9. まとめ

　本章では，2種類の海外英語研修者の英作文に見られた動詞と名詞の屈折形態素の習得について考察した。考察の焦点は，第2言語習得における母語の影響と転移の検証にあった。分析の結果，以下のことがわかった。日本語を母語とする英語学習者は，①過去形の形態素 -ed はほとんど欠落しない。②3人称単数 -s と名詞複数形 -s の使用において可変的な欠落が見られる。③3人称単数 -s の欠落は英語の習熟度の向上に比例して減少する一方，名詞複数形 -s の欠落は英語習熟度の伸びをほとんど反映しない。④屈折形態素の過剰使用は比較的少ない。

　これらの分析結果に基づき，第2言語学習者の文法に機能範疇や形式素性が欠落しているわけではなく，母語の転移によってPFでの音韻形態素上の具現化でマッピングの問題が起こるためであると提案した。したがって，ここでの調査結果は Representational Deficit Hypothesis (Hawkins and Liszka 2003, Hawkins 2005) というより，むしろ Missing Surface Inflection Hypothesis (Haznedar and Schwartz 1997, Prévost and White 2000a, b) を支持するものであると分析された。さらに，過去形の形態素 -ed の高い習得率は日本語の ta とのプロソディー構造上の類似性に起因するものだと考えれば，Prosodic Transfer Hypothesis (White 2003, Goad and White 2004, Goad 2008) は支持できるとした。ただし，3人称単数と名詞複数形の2種類の形態素 -s の間に見られた習熟度の向上による習得率の改善の有無については，いずれの仮説も予想できないという結果であった。

　ここで検証した3つの仮説に関連して，他の母語話者による英語形態素の習得，あるいは他の母語話者による他の第2言語の形態素の習得についてさらに検証が行われることが期待される。同時に，日本語を母語とする英語学習者にとって名詞複数形 -s の方が3人称単数 -s より習得がむずかしいとする，ここでの調査結果について，より厳密な要因の探究を実証的に，また理論的に進めることも必要となろう。

注

1. 本章は，Yoshimura and Nakayama (2009a, b, c) に大幅な加筆修正を加え，新たに章立てに書き直したものである。
2. 日本語には，複数を表す接辞「たち」「ら」があるが，[+animate] の名詞にしか接尾せず，英語の -s のように産出的ではない。たとえば，擬人化しない場合，「りんごたち」や「机たち」は文法的ではない。また，「子供たち」は子供がいればたとえ大人がこの子供と同じグループにいても用いられ，正しくは children と同じ意味にはならないのである (Nakanishi and Tomioka 2002, Wakabayashi et al. 2007)。したがって，厳密には，日本語には複数形 -s に対応する形態素はないと考える。
3. Wakabayashi (1997)，Wakabayashi et al. (2007)，Shibuya and Wakabayashi (2008) では，日本語には数素性はないが，日本語の敬語の主語動詞の一致を人称素性の一致と考え，人称一致は存在すると考える。しかしながら，Osterhout and Inoue (2007) の調査によると，日本語の敬語の場合，英語の主語と動詞の一致のような脳の反応 (ERP における P600 (0.6 秒当たりをピークに見られる正の振幅)) が見られないこと等から，本書では日本語には英語のような主語と動詞の人称一致は存在しないことを前提とする。
4. Shibuya et al. (2009) では，若林・山崎 (2006) と Shibuya and Wakabayashi (2008) のデータに基づき，3 人称単数の -s，複数の -s，所有格の -s，*statistics* のような -s で終わる名詞に関して誤用比率の比較分析をした結果，RDH を支持した上で，PF あるいは PF 以後での挿入を想定している。しかしながら，日本語には 3 人称単数の -s や名詞複数形の -s は存在しないわけであるから，RDH に従えば，これらの素性は活性化されないため，PF での挿入は原則として不可能である。
5. 英語と異なり，日本語では (i) のような文は文法的である。

    (i) 電車が発車する時，ベルが鳴った。

    この文は，主節の動詞は過去形であるが，副詞節の動詞は現在形 (非過去) である。このように，日本語の「時」節の場合，原則として，過去，非過去のいずれの時制も可能であるため，母語の影響からこのような誤りが生じたかもしれない。
6. 日本語の場合，T に一致素性はない (Kuroda 1988) が，テンス素性はある (Takezawa 1987) と考える (第 4 章参照)。しかし T が TP の指定部へ主語の繰り上げを駆動するのか否か，また主格がどのように値化されるのか，等に関しては，ここでの議論では問題とならないので，本書では特定の立場を取らない。
7. この場合，Affix Hopping (Radford 2009 (26)) によって接尾辞 -*ed* が V に付与されるこ

とも考えられるが，本書では T-lowering のメカニズムを用いる。その理由として，たとえば，日本語のように 3 人称単数の *-s* がない言語の場合，Affix Hopping は原則として起こらないだろうが，T-lowering は形態素の有無に関わらず普遍的な操作として起こる。そして形態素がないため語彙挿入が生じないと想定すれば，日本語を母語とする英語学習者の音韻形態素のマッピングの問題をより的確に捉えることができると考えるからである。つまり，T-lowering の操作に問題があるのではなく，母語の転移はあくまでも PF レベルでの音韻形態素の具現化にあると考えるからである。

8 実際，主語繰り上げが生じなかった誤りは 1 例も見られなかった。

9 欠落と過剰生成も含むすべての誤りを見ると，助動詞と一般動詞の(単数・複数・現在形)の誤りの違いは統計的に有意差がない(0.083 対 0.16, $t(29) = -1.137$, $p < .256$)。しかし be 動詞と一般動詞の単数・複数・過去形の誤りの違いは有意であった (0.033 対 0.22, $t(29) = -2.313$, $p < .028$)。このことは，be 動詞が一般動詞と異なり，語彙部門で構造に挿入されると考える Lasnik (1995) を支持するものかもしれない。つまり，be 動詞の場合，一般動詞の形態素挿入に関連したマッピングのようなものが必要とされないため，誤りは少ないと考えられる。

10 不可算名詞において *-s* を過剰生成した参加者の何人か(特に L グループ)は名詞を誤って可算名詞として登録している可能性がある。そのような場合，語彙登録の誤りとして考えるべきであろう。

11 しかしながら，なぜ学習者の習熟度の向上に比例して名詞複数形の *-s* の欠落が減少しないのかという疑問が残る。この点については以下に説明を試みる。

12 複数形 *-s* と過去形 *-ed* の欠落率を比較した場合，過去形の方が習得しやすいという分析結果であった (L グループ $t(14) = 3.861$, $p < .002$, H グループ $t(14) = 1.711$, $p < 0.109$, 計 $t(29) = 3.339$, $p < .002$)。この点は，上に説明したように，過去形 *-ed* に対応する形態素 *ta* の存在により，母語の転移から簡単に説明ができる。

13 おそらく，これは心理上の経済的な理由であろう。つまり過剰適用は，欠落より努力を要するため，間違った場合，余計なペナルティをもたらすことになる。したがって，確実でない限り，適用しないことが十分に考えられるのである。

補章
日本語母語話者の上級英語

　第2言語習得研究の分野においてよく話題となるのが「臨界期」と「化石化現象」である。簡単に述べると，思春期を過ぎてから始めた外国語は完全な習得には至らず，それは"不完全なまま"化石化してしまうというのである。本書でのここまでの分析から，こうした議論に関して疑問が生じて来る。それは，第4章と第5章で分析した日本語を母語とする英語学習者の中間言語がこのまま化石化してしまうのだろうかという問題である。特に，第5章で明らかになった，母語の転移のため生じる音韻形態素の誤りは果たして本当に改善されないのだろうか。そこで，本章では，ほぼネイティブのような英語力を持つ2人の日本語母語話者によって録音された対話データをもとに，この点について検証することとする。

　「臨界期説」（Critical Period Hypothesis）は，レネバーグが1967年に言語習得能力[1]について提唱した仮説で，人間には認知能力の発達との関係で言語習得に年齢的な限界，つまり「臨界期」が存在するという考え方である[2]。「臨界期」とは思春期（puberty）の12歳頃までを意味し，臨界期以前に言語を学習し始めた場合，あまり苦労せずにその言語を習得できる一方，臨界期以後に言語学習を始めた場合，それは困難なものとなり，完全な習得に至らない，と主張したのである（Lenneberg, Chomsky and Marx 1967）。
　当初，レネバーグは臨界期説を母語習得上の年齢制限として提唱したのであったが，その後，第2言語習得においてもこの仮説が適用できるのではないかという調査結果が出てきた。たとえば，その主張の発端となった研

究，Johnson and Newport (1989) では，アメリカに平均 10 年間住んでいた中国語と韓国語の母語話者 46 名による英語習得（たとえば，WH 疑問文，過去形，3 人称単数）について調査した結果，米国に移住して来た年齢（age of arrival）が 7 歳までであった被験者グループはネイティブレベルの英語力を習得できたのに対して，アメリカ入国の年齢が 7 歳〜15 歳までの被験者グループは正答率が年齢に反比例して減少し，ネイティブレベルに類似した習熟度に至らなかったと報告されている。また，Johnson and Newport (1991) では，中国語母語話者による英語の下接の条件[3]の習得を調査した結果，学習開始年齢が高くなるに伴い，その文法制約の理解力が低下したことが報告されている。さらに DeKeyer (2000) では，ハンガリー語母語話者による文法性判断テストと言語適正テストを実施した結果，年少の被験者はネイティブスピーカーと同じような文法力を持っているようだと述べている。

　このように，第 2 言語習得では，多くの学習者が大人になってから，つまり臨界期以後に学習を開始するため，学習を長期間継続してもネイティブのレベルまでなかなか達しないとされている。このようなポスト臨界期の大人の学習者によく見られるのが化石化現象（Selinker 1972）[4]である。たとえば，一般的な観察として，日本語母語話者が英語の発話において 3 人称単数の形態素 -s をよく誤って欠落させてしまう（Makino 1981, Shirahata 1988）のがその一例である。しかしながら，当然のこととして，ポスト臨界期の第 2 言語習得はいずれの場合にでも中間言語のまま化石化（fossilization）[5]されるのか，されるとすれば，それはなぜなのか，あるいはそこに個人差はないのか，等の疑問が生じてくる。これらの疑問に答えようと，これまで多くの研究がなされてきたわけである（注 2, 3 参照）。本章での考察も問題解決に向けて何らかの貢献ができればよいと考える。

　以下，第 2 言語習得に関する先行研究の結果を概観した上で，これらの結果が臨界期と化石化について何を示唆するのかを確認し，統語と形態素の習得について 2 人の日本語を母語とする上級レベルの英語学習者から得たデータの分析結果を提示し，臨界期と化石化について考察する。

表1は，前章で採り上げた，英語の統語と形態素の習得について先行研究を再録したものである。

表1　形態素・主語・主格の正答率(%)

先行研究	L2 被験者(母語)	資料	3人称単数	過去形	主語	主格
Haznedar 2001	子供（トルコ語）	オーラル	46.5	25.5	99	99.9
Ionin and Wexler 2002	子供（20人・ロシア語）	オーラル	22	42	98	
Lardiere 1998ab	大人（中国語）	オーラルメール	4.5	34	98	100

表1にあるように，英語学習者が子供，大人にかかわらず，また被験者の母語がトルコ語，ロシア語，中国語のように異なろうと，主語や主格表示はほぼ完璧に近い正答率であるのに対し，3人称単数 -s と規則動詞の過去形 -ed は極めて正答率が低い。たとえば，Lardiere (1998a, b) は，調査した大人の中国語母語話者の場合，母語に屈折要素がないため[6]，3人称単数 -s は 4.5%，そして過去形 -ed は 34.5%の正答率であったと報告している。一方，中国語が空代名詞(pro-drop)言語である点を考えれば，被験者が主語を 98%，主格を 100%とそれぞれ正確に産出したことは母語の影響がこの点においてはほとんど皆無に近いことを示している。しかしながら，大人のトルコ語母語話者を調査した White (2003) では，3人称単数と過去形の正答率はそれぞれ 81.78%，76%と比較的高い正答率であったと述べている。このことは，母語のトルコ語が屈折要素の豊かな言語であるため，中国語母語話者の負の転移と異なり，母語の正の転移が起こったためであると理解される。

つまり，これまでの第2言語習得研究の結果から，以下の2点—①第2言語の主語と主格の習得に関しては母語の影響がないこと，そして②第2言語の屈折形態素の習得に関しては母語の正負の転移が見られること—が明ら

かになったわけである。

　表2は，本書の第4章と第5章で見た海外短期英語研修プログラムの参加者の習得結果をまとめ直したものである。

表2　主語・主格・3人称単数・過去形の欠落率

グループ	テスト平均	主語 有	主語 無(%)	主格 正	主格 誤(%)	3人称単数 有	3人称単数 無(%)	過去形 有	過去形 無
L ($n=15$)	52.7	276	3 (1.08)	121	0 (0)	16	19 (41.89)	7	2 (2.67)
H ($n=15$)	78.1	358	2 (0.56)	205	0 (0)	27	7 (12.73)	14	3 (8.89)
計 ($n=30$)	65.4	634	5 (0.78)	326	0 (0)	43	26 (27.31)	21	5 (5.78)

　上の表からわかるように，主語や代名詞の格はほぼ完ぺきに正しく産出している。過去形については，習熟度の高いHグループと低いLグループの間に有意差がなかったのに対し，3人称単数の -s の欠落率には両グループ間で有意差があった（$t(28) = 2.275$, $p<0.031$）。3人称単数 -s と過去形 -ed の欠落率を比較してみると，Hグループでは有意差が見られなかった一方（$t(14) = .433$, $p<.672$），Lグループでは有意差があった（$t(14) = 3.117$, $p<0.008$）。これらの結果は，日本語を母語とする英語学習者にとって，過去形の習得はさほどむずかしくないこと[7]，3人称単数の形態素の習得は学習の初期の段階ではむずかしいけれども，習熟度の向上に比例してその習得が進んで行くこと，を示唆するものであると理解された。したがって，過去形の習得を除き，日本語母語話者の場合，習熟度の低いレベルの英語学習者の習得結果のみが上の表1にあるロシア語・トルコ語・中国語の母語話者による英語の習得と類似する傾向を示したと言える。

　このように，大学生の英作文の分析結果から，臨界期は主語や主格の習得にはほとんど影響を与えず，また形態素の習得については，英語習熟度の向

上に比例して誤りが量的に減少して行く傾向にあることがわかった。すなわち，日本語を母語とする英語学習者に関して極端な化石化現象は生じないであろうと考えられるわけである。

　それでは，習熟度の極めて高いレベルの日本語を母語とする英語学習者の場合はどうであろうか。この問題について，"ニアネイティブ"の発話資料を分析しつつ，さらに考察を進めて行くことにしよう。
　被験者は，日本に住んでいる2人の日本語母語話者で，一人(A)は在米4年10ヶ月，TOEICスコア980点，もう一人(B)は留学経験なしだが，海外旅行経験はある大学英語教員で，TOEICスコア970点。2人ともネイティブの英語レベルに近い，極めて習熟度の高いレベルの英語学習者である。分析する資料は，英語の学習歴，仕事，日常生活，等についての2人の対話(41分5秒)を録音し，それを書き起したものを用いた。
　表3は，この2人による主語・3人称単数-s・過去形-edの欠落率をそれぞれまとめたものである。まず，主語の出現について見てみると，被験者Aの場合，453文で義務的に必要であった中，2つの欠落(0.44%)が観察された。被験者Bの場合，義務的に必要であった165文の中，すべての環境に主語が現れた。つまり，全体的にほぼ完璧な習得(0.32%)であった。ま

表3　主語の欠落率・3人称単数-sと過去形の正誤率

被験者	主語 正	主語 欠落(%)	3人称単数-s 正	3人称単数-s 誤(%)	過去形(be動詞・助動詞除く) 正 規則	過去形 正 不規則	過去形 誤 規則(%)	過去形 誤 不規則(%)
A	451	2 (0.44)	10	1 (9.1)	35	32	5 (12.5)	6 (15.8)
B	165	0 (0)	4	1 (20)	7	18	0 (0)	1 (5.3)
計	616	2 (0.32)	14	2 (12.5)	42	50	5 (10.6)	7 (10.6)

た，両被験者とも主格表示についてはまったく誤りがなかった。

次に，3人称単数 -s については，先の表3にあるように，2人の対話において，16の -s が義務的に必要であったのに対し，2つの動詞に接尾されていなかった。平均誤用率は12.5%であった。この結果は，第4章に見た大学生のLグループの41.89%，あるいは大学生の両グループの平均27.31%と比較すると，顕著に低いことがわかる。すなわち，日本語を母語とする英語学習者の場合，3人称単数 -s に関して，完全な習得はむずかしいものの，学習を継続して行けば，高い習得率を達成できると理解できる[8]。

さらに興味深い結果は，過去形 -ed の付与について見られた。上の表3にあるように，2人の誤りは規則動詞と不規則動詞において平均で10.6%であったが，この誤用率は，第5章で見た習熟度の高い大学生Hグループの過去形における誤用率の8.89%とさほど違わないものである。このことは，先に述べたように，過去形は習得が比較的むずかしくないものの，ある一定のむずかしさは日本語を母語とする英語学習者の中間言語においてなかなか解消しないものであることを示唆しているようである。このような事実を化石化現象の一つとして見なすかどうかはおそらく議論の分かれる所であろうが，もし見なされるとすれば，日本語を母語とする英語学習者全体に関わる化石化現象として捉えるべきであろうか。

最後に，2人のWH移動の習得について第4章の大学生グループの結果と比較してみよう。

表4　WH移動の正誤数

被験者		主文節			補文節		
		正	誤	欠落	正	誤	欠落
上級者	A	3	0	0	13	0	1
	B	6	0	0	5	0	0
大学生	L	2	0	0	5	1	0
	H	0	0	0	17	0	0

表4にあるように，2つの被験者グループで生成されたWH疑問文は合計51文，誤りが1文，WH句の欠落が1文であった。その中，上級者グループでは，被験者Aが(1a)の文においてWH句 *how* を補文節の主要部において欠落させた。また，誤りとして分類はしなかったが，(1b)にあるように，被験者Bが主文節のWH疑問文ではないのに，誤って主語と助動詞を置換してしまった。

（1）a. You have to think I don't know ___ some translators only do verbal (A)。
　　 b. So, what parts are more difficult than how should I do to educate student?

これらの結果について着目したい点が2つある。一つは，WH句が移動せず，基底の位置にそのまま留まってしまう，すなわちWH-in-situの誤りは大学生のグループ同様に，上級者においてもまったく見られなかったことである。日本語にWH移動がないことを考えれば，この結果はWH移動に関して母語の転移がなかったということを示している。もう一つは，どちらのグループにおいても，補文節で生じたWH移動がすべてその節内に留まることができる文(つまり短距離WH移動)のみを産出し，長距離のWH移動が起る文が一つも産出されなかったことである。この結果は，日本語を母語とする英語学習者にとって，長距離WH移動の運用がむずかしいことを示唆するものであると判断される(第4章参照)。

もう一点補足しておくと，上級者の産出した主文節WH疑問文の9文中，いずれの文においても主語と助動詞の置換が正しく起こっていた。たとえば，以下のようなWH疑問文が観察された。

（2）a. So, how did you get to be so fluent in English?
　　 b. So, why do you think you speak English so fluently?

  c. How did you or when did you study writing?
  d. What can I say (about) some problem with our language school?

　前章でも説明したように，日本語の疑問文にはこのような主語−助動詞の置換に対応する操作は存在しないから，Hawkins and Hattori (2006) が主張するように，英語の WH 疑問文が日本語のスクランブリングによって生成されたとは考えがたいのである。

　以上，2 人の日本語母語話者から得た'ニアネイティブレベル'の発話資料に基づき，統語と音韻形態の習得過程を分析した。その結果，以下の 5 点が明らかとなった―①主語と主格は，前章で分析した大学生の英作文と同じく，まったくむずしくないこと，②3 人称単数 -s は，大学生の欠落率と比較して，その可変性は低いこと（平均 12.5％），③過去形 -ed は，大学生の欠落率と比較しても，それほど違わないこと（平均 10.6％），④短距離 WH 移動は，大学生の結果と同じく，ほとんど誤りがないこと，④長距離 WH 移動は，大学生の場合と同じく，1 例も観察されず，運用されなかったこと。したがって，ここでの調査結果は，第 4～5 章で得た結論を支持するものであった。すなわち，スペルアウトまでの統語上の習得はさほど困難でない一方，PF インターフェイスでの音韻形態素の習得は母語からの影響に左右され，負の転移があれば，習得には時間を要するため，運用面において可変性が残る。結論として，臨界期以降開始した第 2 言語は，音韻形態素的になかなかネイティブのレベルに達しないようである。

注
1 ここでは，吉村・中山 (2009) と同様，記述上の煩雑さを避けるため，「獲得」と同義の意味で「習得」を一貫して用いることとする。

2 臨界期は感受性期（sensitive period）と称されることもある（Lee and Schachter 1997）。しかしながら，言語習得がまったく不可能になる一定の時期があるわけではなく，研究の結果，認知部門の後退に伴って言語習得能力がしだいに劣化することがわかってきたので，近年では，臨界期と言うよりも年齢の影響（age effects）と呼ばれることが多くなってきたようである（Dekeyser and Larson-Hall 2005，Birdsong 2005 参照）。
3 Subjacency Condition に関しては Ross（1967），Chomsky（1973）を参照。
4 化石化現象に関するこれまでの研究の成果については，Long（2003），Han（2004），Han and Odlin（2005），Fidler（2006），Dominguez（2007）を参照。しかしながら，文法項目の習得は臨界期以後も可能であり，どちらかと言うと，大人の方が年少者よりも習得が早く，正確であるという調査結果もある（Birdsong 1992, Bialystok and Hakuta 1994, 1999）。
5 「化石化」については，研究者によって解釈が異なり，一定の定義を選択するのはむずかしい。つまり，化石化がプロセスを指すのか，産物を指すのか，また習得言語の一部に影響するのか，言語全体に影響するのか，見解が異なっている。ここでは概括的に"それ以上ほとんど進歩しない最終文法知識"（end-state grammar）（Birdsong 1999, Long 2003 p.526, Lardiere 2007 第 1 章）を意味するものとして用いる。
6 中国語は，英語あるいは日本語と異なり，過去時制を音韻形態素的に表示しない。代わりに，過去を表わす副詞等（「去年」「1988 年」）で過去を表わす（井上・生越・木村 2002）。
7 この点について，Yoshimura and Nakayama（2009a, c）では日本語の過去形の形態素 *ta* のプロソディーの転移（prosodic transfer）の可能性を示唆した（Goad and White 2006）。
8 Yoshimura and Nakayama（2009b）では，3 人称単数 *-s* と異なり，名詞複数形 *-s* の習得は習熟度の向上と連動しないと報告している（第 5 章参照）。

むすび

　本書は，長年の構想を経て実現した，静岡とオハイオを結ぶスタディーアブロードプログラムのこれまでの実践結果を実証的に，また理論的にまとめたものである。ここで紹介した2種類の海外短期英語研修プログラム―静岡夏期英語研修プログラム (Shizuoka Summer Engligh Program, SSEP)・静岡健康科学英語研修プログラム (Shizuoka Health Sciences English Program, SHEP) ―は，参加者の英語アカデミックコミュニケーション能力の向上のために，静岡県立大学とオハイオ州立大学の共同作業によって開発された。国境のないグローバルな活動がいろいろな分野で展開するようになった中，今後，日本からの，また日本への，研修プログラムのニーズはさらに高まって行くことが予想される。今後，よりよい海外語学研修企画の構築に向けて，2つのプログラムの運営を通して私たちが培ってきた知見やノウハウを共有できたらと考えたわけである。

　本書は，この目的に沿って，2部構成（2〜3章）（4〜5章）とした。第2章では，2種類の研修プログラムの特色を具体的に紹介し，それぞれがどのスキルをどのように向上させようと，何を試みたのかをわかりやすく説明することを目指した。第3章では，参加者が研修中に受けたミシガンテストのスコアを詳細に分析することで，ディスカッションとプレゼンテーション中心の研修が参加者の論理的な英語表現力の向上に役立つことを示した。海外語学研修は，それがたとえ3週間という短いものであっても，参加者のニーズに基づいた構成で周到な準備がなされれば，効果が出ることがわかった。

　続いて，第4章と第5章ではプログラム参加者のミシガンテストの英作

文に見られた誤りに考察の焦点を絞り，日本語を母語とする英語学習者が直面する音韻・形態・統語の習得上の問題点を炙り出した。分析では，最近の第2言語習得研究において注目されている「文法モジュール」と「インターフェイス理論」の枠組みの中で，日本語を母語とする英語学習者の中間言語の本質を解明したいと考えた。まず，統語部門（主語出現・主格標示・WH移動）の習得では，誤りがほとんど生じなかったことから，母語の転移（たとえば，日本語の空主語現象，スクランブリング）は重要な影響とはならず，普遍文法が習得の手助けとして機能するという結論に至り，Representational Deficit Hypothesis (RDH) は支持されないと主張した。次に，PF 部門の習得では，過去形 -ed はあまりむずかしくないのに対し，3人称単数 -s と名詞複数形 -s は両者とも比較的困難であるという結果を得た。この結果から，母語の転移が音韻形態素の習得には重要な影響を与えると結論付けた。このことは，Prosodic Transfer Hypothesis (PTH) を支持する根拠として解釈できるとした。さらに3人称単数 -s の欠落率が参加者の英語習熟度の違いによって異なることから，RDH を支持しないという結論が再確認された。この事実は，同時に，PTH でも予測できないものであると判断された。さらに，同じ形態素であっても，3人称単数 -s は習熟度の向上に比例して習得が進むのに対し，名詞複数形 -s はそのような改善が見られなかった結果については，ここでの説明は暫定的な域を出ておらず，今後の調査研究の必要性を喚起しておきたい。

　また，補章で提示した上級レベルの英語の分析では，日本語母語話者による英語形態素の習得について，さらに興味深い点を炙り出した。すなわち，過去形 -ed は，母語からの正の転移のため習得は容易であるにも係わらず，ネイティブのレベルに達しても完全な習得とはならず，一方3人称単数 -s は習熟度が高くなると誤りが減少するという事実が確認された。

　最後に，第2言語習得について今後の展望について簡単に触れて，本書を終えることとしたい。実は，第4章で説明した「文法モジュール」という視座から第2言語習得研究を眺め直した時，意味解釈部門（LF）に関連す

る，たとえば統語と意味解釈（syntax-semantics），あるいは統語と談話 – 語用（syntax-discourse/pragmatics）等のインターフェイスにおける習得研究があまりなされていないことに気づいた。しかも，これらの習得が実際の言語使用と経験に基づくものであるという前提に立てば，統語部門・音韻部門の習得よりむずかしいと考えられる。

　たとえば，Sorace（2007）や Sorace and Filiaci（2006）では，イタリア語の代名詞の用法について調査した結果，談話上の制約などが関係するものは習得が遅れることが判明したと報告されている。具体的な例で見てみると，イタリア語の上級学習者は(1)のような文において補文節の代名詞主語 *lei* の先行詞として主文節の主語 *Paola* を選ぶのに対し，イタリア語母語話者は主文節の目的語 *Marta* を選ぶ傾向にある。また，(2)のような文においては，補文節が主文節の前に現れているため，イタリア語上級学習者は補文節の主語代名詞 *lei* の先行詞として，主文節の主語 *Paola* を選択する解釈をするのに対し，イタリア語母語話者は文中ではなく，文外の先行詞を取るという結果であった。

（1）　Paola$_i$ telefonerà a Marta$_j$ quando lei$_{i/j}$ averà tempo.
　　　'Paola will telephone Marta when she will have time.'
（2）　Quando lei$_{i/j}$ era in vacanza, Paola$_i$ è andata a trovare Marta.
　　　'When she was on holiday, Paola went to visit Marta.'

このように，代名詞とその先行詞の関係はイタリア語の語用や談話の理解が係わってくるので，上級学習者にとっても習得が極めてむずかしいとされるのである。

　今後の取り組まなければならない大きな課題として，統語・音韻形態・意味解釈と語用・談話との接点に生じる，さまざまな問題点があり，今後「インターフェイス理論」という視座からの検証が期待されるところである。

　インターフェイス部門での習得を考える時，たとえば，大人と子供の言語

習得に違いはあるのかという疑問，つまりバイリンガリズムの問題が必然的に生じてくる。このように地球規模でグローバル化が浸透してくると，大人の仕事の関係で外国の学校で教育を受ける子供や日本の学校で教育を受ける日本語非母語話者の子供が増加することは十分に予測できるところである。彼らは複数の言語が使用されている環境で生活しているわけであるから，母語に加えて，複数の言語，つまり第2あるいは第3の言語を習得することになる。このような子供たちの言語習得状況が，本書で取り上げた大人の外国語習得とどう違うのであろうか。この点は補章で論じた臨界期と化石化の問題とも関連してくるのだが，先に指摘したように，ロマンス語の母語話者に関する研究は行われてきているが，日本語母語話者の研究はこれまであまりなされていない。このような研究の必要性を強調しておきたい。

また，子供の第2言語習得は，以下のような点において，大人の外国語習得と異なる。まず，大人の学習者は母語をすでに習得しているので，それを外国語学習に利用することができる(Caroll 1996, MacWhinney 1996, White 1996)。その結果，本書の第4章と第5章で見たように，母語の転移が外国語習得を促進させたり，遅滞させたりすることとなる(Schachter 1974, 1988, Bhatt and Hancin-Bhatt 1996)。また，大人は子供と違ってさまざまな学習方略(例えば，問題解決法や複雑な理由付けや産出システム等)を用いることができるし(Bley-Vroman 1996, Li 1996, Otero 1996)，自然言語のデータ以外に教科書や教室での指導や学習ツールの恩恵を受けることができる(Li 1996, MacWhinney 1996)。しかし，大人は子供と違って外国語の習得に多大な時間(Newmeyer 1996)とかなり意識的な努力が必要である(Freidin 1996, Li 1996)。そして，子供はほとんどみんな格差なく言語習得に成功するのに対し，大人は外国語の習得レベルに個人差があり(Bley-Vroman 1996, Sorace 1996, Vainikka and Young-Scholten 1996)，多くの場合，子供が達成するようなレベルになかなか至らないのである(Bickerton 1996)。

このような違いが大人と子供の間に見られるのだが，バイリンガルの環境で育つ子供の場合であっても，第2言語習得の開始時によって習得過程が

異なることがロマンス語の習得研究において明らかになってきた。果たして，日本語の場合はどうであろうか。興味深い点である。また，日本語と英語だけでなく，日本語と英語以外のバイリンガルの場合，インターフェイス部門での習得はどのような過程で進むのかを研究することも重要であろう。換言すれば，バイリンガルの環境で育つ子供の母語と第2言語，さらに第2言語と第3言語をそれぞれ比較習得研究することによって，第2言語習得の過程がより明白に炙り出されてくるのではないだろうか。すなわち，第2言語の文法の初期段階はどのようなものであるのか，つまり白紙から始めるのか，あるいは母語の文法から始めるのか (Schwartz and Sprouse 1996)，また本書で考察した母語の影響・転移等についてさらに実証的な成果が期待できるのである。

　たとえば，そのような研究成果の1例として，最近のバイリンガル研究で明らかになってきたインターフェイス部門に見られる母語消失 (L1 attrition) の問題が挙げられる。この現象は，第2言語がネイティブレベルになる習得過程で，第1言語のある部分が消失したり，あるいは第1言語の不完全習得が生じたりするものである。つまり，これまでの研究で取り上げられてきた第1言語から第2言語への転移ではなく，それとは逆に第2言語から第1言語に及ぼす影響が観察されている (例えば Montrul 2004)。このような第1言語の不安定さが本書で見た第2言語の形態素習得の可変性に類似するものであるとすれば，両者の習得分野における相互的な調査において検証が重要となり，その成果は言語習得の本質解明に不可欠な，興味深い結果をもたらすものであろう。

　最後に，本書で考察した第2言語習得と海外研修の接点に存在する課題として，このインターフェイス部門の習得に果たして海外研修がどれだけ役立つのか，またその効果的なカリキュラムはどのようなもので，どのようにして実施していくのか，等が挙げられる。今後，これらの点を検討し，より効果的な海外語学研修プログラムが実施されることが望まれる。その構築や実施において，私たちが本書で実践的に，また言語学的に行なった検証に

よって提示した第2言語習得についての分析や助言が少しでも手助けになれば幸いである。

参考文献

石橋玲子(2002)『第 2 言語習得における第 1 言語の関与』風間書房.
井上優・生越直樹・木村英樹(2002)「テンス・アスペクトの比較対照―日本語・朝鮮語・中国語」生越直樹(編)『対照言語学』pp:125–159. 東京大学出版会.
澤崎宏一・吉村紀子(2005)「海外短期英語研修の成果をどのように評価するか」第 51 回中部言語学会大会(12 月 17 日, 静岡県立大学).
澤崎宏一・吉村紀子・中山峰治・寺尾康(2006)「短期海外研修プログラムを評価する―英語力の向上を中心に」言語科学会第 8 回年次国際大会(6 月 11 日, 国際基督教大学).
白畑知彦・若林茂則・須田孝司(2004)『英語習得の「常識」「非常識」』大修館書店.
鈴木右文(2001)「海外英語研修の意義―ケンブリッジ大学で学ぶ九大生―」『言語文化論研究』13:pp.163–174. 九州大学大学院言語文化研究院.
竹田明彦(1998)「海外英語学習における学習動機と学習ストラテジーに関する一考察」『武庫川女子大紀要』46:pp.11–18. 武庫川女子大学.
中山峰治・吉村紀子(2009)「英語力の向上に役立つ海外研修とは」『英語教育』57(13):pp.50–53. 大修館書店.
橋本光憲(1992)「Pre-TOEFL の結果を通して見た神奈川大学生の短期英語研修の成果」『国際経営フォーラム』4:pp.114–120. 神奈川大学国際経営研究所.
三原健一・平岩健(2006)『新日本語の統語構造』松柏社.
吉村紀子・中山峰治・澤崎宏一(2006)「短期海外研修プログラムと英語力の向上」*Ars Linguistica* 13:pp.92–102.
吉村紀子・中山峰治(2009)「臨界期説と化石化現象―日本語母語英語学習者からの考察」『中部地区英語教育学会紀要』39:pp.161–166.
若林茂則・白畑知彦・坂内昌徳(2006)『第二言語習得研究入門―生成文法からのアプローチ』新曜社.
若林茂則・山崎妙(2006)「3 単現の –s の誤りに見られる統語構造と線的距離の影響」若林茂則(編)『日本人英語学習者に見られる主語と動詞の一致の誤り―統語環境の影響』科学研究費研究成果報告書:pp.45–64.
渡辺明(2005)『ミニマリストプログラム序説』大修館書店.
Ayano, Mari. (2006) Japanese Students in Britain. In Byram, Michael and Anwei Feng (eds.) *Living and Study Abroad*. pp.11–37. Clevedon, UK: Multilingual Matters.
Beck, Maria-Luise. (1998) L2 Acquisition and Obligatory Head Movement: English-speaking

Learners of German and the Local Impairment Hypothesis. *Studies in Second Language Acquisition* 20: pp.311–348.

Belikova, Alyona and Lydia White. (2009) Evidence for the Fundamental Difference Hypothesis or Not?: Island Constraints Revisited. *Studies in Second Language Acquisition* 31: pp.199–223.

Bhatt, Rakesh, M. and Barbara Hancin-Bhatt. (1996) Transfer in L2 Grammars. *Behavioral and Brain Sciences* 19: pp.715–716.

Bialystok, Ellen and Kenji Hakuta. (1994) *In Other Words: The Science and Psychology of Second Language Acquisition*. New York: Basic Books.

Bialystok, Ellen and Kenji Hakuta. (1999) Confounded Age: Linguistic and Cgnitive Factors in Age Differences for Second Language Acquisition. In Birdsong, David (ed.) *Second Language Acquisition and the Critical Period Hypothesis.* pp: 161–181. Mahwah, NJ: Lawrence Erlbaum Associates.

Bickerton, Derek. (1996) A Dim Monocular View of Universal-Grammar Access. *Behavioral and Brain Sciences* 19: pp.716–717.

Birdsong, David. (1992) Ultimate Attainment in Second Language Acquisition. *Language* 68: pp.706–755.

Birdsong, David. (1999). Introduction: Whys and Why Nots of the Critical Period Hypothesis for Second Language Acquision. In Birdsong, David (ed.) *Second Language Acquisition and the Critical Period Hypothesis.* pp.1–22. Marwah, NJ: Lawrence Erlbaum Associates, Publishers.

Birdsong, David. (2005) Interpreting Age Effects in Second Language Acquisition. In Kroll, Judith F. and Annette M. B. De Groot (eds.) *Handbook of Bilingualism: Psycholinguistic Approaches.* pp.109–127. New York: Oxford University Press.

Bley-Vroman, Robert. (1996) What We Have to Explain in Foreign Language Learning. *Behavioral and Brain Sciences* 19: p.718.

Brauer, Herbert E. (2005) Short-term Study Abroad Programs: A Survey of Private Junior High Schools in Tokyo. *JALT Journal* 27 (1): pp.95–118.

Canale, Michael. (1983). From Communicative Competence to Communicative Language Pedagogy. In Richards, Jack C. and Richard W. Schmidt (eds.) *Language and Communication.* pp.2–27. London: Longman.

Caroll, Susanne. (1996) Parameter-setting in Second Language Acquisition: Explanans and Explanandum. *Behavioral and Brain Sciences* 19: pp.720–721.

Chomsky, Noam. (1973) Conditions on Transformations. In Anderson, Stephen R. and Paul

Kiparsky (eds.) *A Festschrift for Morris Halle*. pp:232–286. New York: Holt, Rinehart and Winston.

Chomsky, Noam. (1995) *The Minimalist Program*. Cambridge, MA: MIT Press.

Chomsky, Noam. (1998) Minimalist Inquiries: The Framework. *MIT Occational Papers in Linguistics* 18: pp.89–155.

Chomsky, Noam. (2001) Derivation by Phase. In Kenstowicz, Michael (ed.) *Ken Hale: A Life in Language*. pp:1–52. Cambridge, MA: MIT Press.

Coxhead, Averil. (2000) A New Academic Word List. *TESOL Quarterly* 34, pp:213–238.

Cummins, Jim. (1981) The Role of Primary Language Developmenet in Promoting Educational Success for Language Minority Students. In California State Department of Education (ed.) *Schooling and Language Minority Students: A Theoretical Framework*. pp:3–50. Los Angeles, CA: California State Department of Education.

Cummins, Jim. (1984) *Bilingualism and Special Education: Issues in Assessment and Pedagogy*. Clevedon, UK: Multilingual Matters.

Cunningham, Joyce. (2006) Ibaraki University Studies English at McGill University.『茨城大学人文学部紀要―コミュニケーション学科論集』19: pp.119–141.

Day, James T. (1987) Student Motivation, Academic Validity, and the Summer Language Program Abroad: An Editorial. *Modern Language Journal* 71: pp.261–266.

DeKeyser, Robert M. (1991) Foreign Language Development during a Semester Abroad. In Freed, Barbara (ed.) *Foreign Language Acquisition Research and the Classroom*. pp:104–119. Lexington, MA: D. C. Heath and Company.

DeKeyser, Robert M. (2000) The Robustness of Critical Period Effects in Second Language Acquisition. *Studies in Second Language Acquisition* 22: pp.499–533.

DeKeyser, Robert and Jennifer Larson-Hall. (2005) What does the Critical Period Really Mean? In Kroll, Judith F. and Annette M. B. deGroot (eds.) *Handbook of Bilingualism: Psycholinguistic Approaches*. pp:88–108. New York: Oxford University Press.

Dominiquez, Laura. (2007) Knowledge of Features in Fossilized Second Language Grammars. *Second Language Reseach* 23 (2): pp.243–260.

DuFon, Margaret A. and Eton Churchill. (2006) *Language Learners in Study Abroad Contexts*. Clevedon, UK: Multilingual Matters.

Ellis, James. (1993) Japanese Students Abroad: Relating Language Ability in Class and in the Community. *Thought Currents in English Literature* 66: pp.45–82.

Embick, David and Alec Marantz. (2008) Architecture and Blocking. *Linguistic Inquiry* 39: pp.1–53.

Eubank, Lynn, Janine Bischof, April Huffstutler, Ptricia Leek, and Clint West. (1997) Tom Eats Slowly Cooked Eggs: Thematic-verb Raising in L2 Knowledge. *Language Acquisition* 6: pp.171–199.

Fidler, Ashley. (2006) Reconceptualizing Fossilization in Second Language Acquisition: A Review. *Second Language Research* 22(3): pp.398–411.

Franceschina, Florencia. (2001) Morphological or Syntactic Deficits in Near-native Speakers? An Assessment of Some Current Proposals. *Second Language Research* 17: pp.213–247.

Freed, Barbara F. (1993) Assessing Linguistic Impact of Study Abroad: What We Currently Know-What We Need to Learn. *Journal of Asian Pacific Communication* 4 (4): pp.151–166.

Freed, Barbara F. (1995) *Second Language Acquisition in a Study Abroad Context*. Amsterdam: John Benjamins.

Freed, Barbara. (1998) An Overview of Issues and Research in Language Learning in a Study Abroad Setting. *Frontiers: The Interdisciplinary Journal of Study Abroad* 4: pp.31–60.

Freidin, Robert. (1996) Adult Language Acquisition and Universal Grammar. *Behavioral and Brain Sciences* 19: pp.725–726.

Goad, Heather. (2008) Prosodic Transfer in Second Language Acquisition. Handout for the lecture presented at The Ohio State University, May 30.

Goad, Heather and Lydia White. (2004) Ultimate Attainment of L2 Inflection: Effects of L1 Prosodic Structure. In Foster-Cohen, Susan (ed.) *EUROSLA Yearbook* 4: pp.119–145. Amsterdam: John Benjamins.

Goad, Heather and Lydia White. (2006) Ultimate Attainment in Interlanguage Grammars: A Prosodic Approach. *Second Language Research* 22: pp.243–268.

Hagan, Stacy A. (1999) *Sound Advice* (2nd Edition). London: Longman.

Halle, Morris and Alec Marantz. (1993) Distributed Morphology and the Pieces of Inflection. In Hale, Kenneth and Samuel J. Keyser. (eds.) *The View from Building 20: Essays in Honor of Sylvain Bromberger*. pp:111–176. Cambridge, MA: MIT Press.

Han, ZhaoHong. (2004) *Fossilization in Adult Second Language Acquisition*. Clevedon, UK: Multilingual Matters.

Han, ZhaoHong and Terence Odlin. (2005) *Studies of Fossilization in Second Language Acquisition*. Clevedon, UK: Multilingual Matters.

Hawkins, Roger. (2001) *Second Language Syntax: A Generative Introduction*. Oxford, UK: Blackwell.

Hawkins, Roger. (2005) Explaining Full and Partial Success in the Acquisition of Second Lan-

guage Grammatical Properties. *Second Language* 4: pp.7–25.
Hawkins, Roger and Cecilia Yuet-hung Chan. (1997) The Partial Availability of Universal Grammar in Second Language Acquisition: The Failed Functional Features Hypothesis. *Second Language Research* 13: pp.187–226.
Hawkins, Roger and Hajime Hattori. (2006) Interpretation of English Multiple Wh-questions by Japanese Speakers: A Missing Uninterpretable Feature Account. *Second Language Research* 22(3): pp.269–301.
Hawkins, Roger and Sarah Liszka. (2003) Locating the Source of Defective Past Tense Marking in Advanced L2 English Speakers. In van Hout, Roeland, Aafke Hulk, Folkert Kuiken and Richard J. Towell. (eds.) *The Lexicon-Syntax Interface in Second Language Acquisition*. pp:21–44. Amsterdam: John Benjamins.
Haznedar, Belma. (2001) The Acquisition of the IP system in Child L2 English. *Studies in Second Language Acquisition* 23: pp.1–39.
Haznedar, Belma and Bonnie D. Schwartz. (1997) Are There Optimal Infinitives in Child L2 Acquisition? *Proceedings of the 21st Annual Boston University Conference on Language Development*. pp:257–268. Somerville, MA: Cascadilla Press.
Hirose, Keiko. (2003) Comparing L1 and L2 Organizational Patterns in the Argumentative Writing of Japanese EFL Students. *Journal of Second Language Writing* 12: pp.181–209.
Hirose, Keiko. (2006) Pursuing the Complexity of the Relationship between L1 and L2 Writing. *Journal of Second Language Writing* 15: pp.142–146.
Hymes, Dell H. (1972) On Communicative Competence. In Holmes, Pride J. B. and Janet Holmes. (eds.) *Sociolinguistics*. pp:269–293. London: Penguin.
Ionin, Tania and Kenneth Wexler. (2002) Why Is 'is' Easier Than '-s'?: Acquisition of Tense/Agreement Morphology by Child Second Language Learners of English. *Second Language Research* 18: pp.95–136.
Johnson, Jacqueline. (1992) Critical Period Effects in Second Language Acquisition: The Effect of Written Versus Auditory Materials on the Assessment of Grammatical Competence. *Language Learning* 42: pp.217–248.
Johnson, Jacqueline and Elissa Newport. (1989) Critical Period Effects in Second Language Learning: The Influence of Maturational State on the Acquisition of English as a Second Language. *Cognitive Psychology* 21: pp.60–99.
Johnson, Jacqueline and Elissa Newport. (1991) Critical Period Effects on Universal Properties of Language: The Status of Subjacency in the Acquisition of a Second Language. *Cognition* 39: pp.215–258.

Kaneko, Asuka. (2005) *Successive Cyclic Wh-movement in Second Language Acquisition*. M.A. Thesis. University of Shizuoka.

Kanno, Kazue. (1997) The Acquisition of Null and Overt Pronominals in Japanese by English Speakers. *Second Language Acquisition* 5: pp.317–332.

Kitao, Kathleen S. (1993) Preparation for and Results of a Short-Term Overseas Study Program in the United States. 『総合文化研究所紀要』10 号: pp.107–118. 同志社女子短期大学.

Kobayashi, Hiroe and Carol Rinnert. (2008) Task Response and Text Construction Across L1 and L2 Writing. *Journal of Second Language Writing* 17: pp.7–29.

Krashen, Stephen. (1982) *Principles and Practice in Second Language Acquisition*. Oxford, UK: Pergamon Press.

Kuroda, Shige-Yuki. (1988) Whether We Agree or Not: A Comparative Syntax of English and Japanese. *Linguisticae Investigationes* 12: pp.1–47.

Lardiere, Donna. (1998a) Case and Tense in the 'Fossilized' Steady State. *Second Language Research* 14: pp.1–26.

Lardiere, Donna. (1998b) Dissociating Syntax from Morphology in a Divergent End-state Grammar. *Second Language Research* 14: pp.359–375.

Lardiere, Donna. (2000) Mapping Features to Forms in Second Language Acquisition. In Archibald, John (ed.) *Second Language Acquisition and Linguistic Theory*. pp:102–129. London: Blackwell.

Lardiere, Donna. (2007) *Ultimate Attainment in Second Language Acquisition: A Case Study*. Mahwah, NJ: Lawrence Erlbaum Associates.

Lasnik, Howard. (1995) Verbal Morphology: Syntactic Structures Meets the Minimalist Program. In Campos, Héctor and Paula Kempchinsky (eds.) *Evolution and Revolution in Linguistic Theory*. pp:251–275. Washington, DC: Georgetown University Press. (Also in Lasnik, Howard. (1999) *Minimalist Analysis*. pp:97–119. Oxford: Blackwell.)

Lee, Dami and Jacqueline Schachter. (1997) Sensitive Period Effects in Binding Theory. *Language Acquisition* 6(4): pp.333–362.

Lenneberg, Eric H., Noam Chomsky, and Otto Marx. (1967) *Biological Foundations of Language*. New York: John Wiley & Sons, Inc.

Li, Ping. (1996) Why Don't L2 Learners End up with Uniform and Perfect Linguistic Competence? *Behavioral and Brain Sciences* 19: pp.733–734.

Long, Michael H. (2003) Stabilization and Fossilization in Interlanguage Development. In Doughty, Catherine J. and Michael H. Long (eds.) *The Hondbook of Second Language*

Acquisition. pp: 487–535. Malden, MA: Backwell.
MacWhinney, Brian. (1996) Language Is Learned. *Behavioral and Brain Sciences* 19: pp.735–736.
Makino, Takayoshi. (1981) *Acquisition Order of English Morphemes by Japanese Adolescents*. Tokyo: Shinozaki Shorin Press.
Martohardjono, Gita. (1993) *Wh-movement in the Acquisition of a Second Language: A Cross-linguistic Study of Three Languages with and without Overt Movement*. Ph. D. Dissertation. Cornell University.
Masumoto, Ayaka. (2008) Overt Pronouns and Bound Variable Reading in L2 Japanese. M.A. Thesis. The Ohio State University.
Masumoto, Ayaka and Mineharu Nakayama (2009) JFL Learners' Interpretations of the Overt Pronouns. Poster Presented at The 11th Annual Meeting of the Japanese Society of Language Sciences. Tokyo Denki University, July 5.
Milleret, Margo. (1990). Evaluation and the Summer Language Program Abroad: A Review Essay. *Modern Language Journal* 74: pp.483–488.
Montalbetti, Mario. (1984) *After Binding: On the Interpretation of Pronouns*. Ph. D. Dissertation. MIT.
Montrul, Silvina. (2004) Subject and Object Expression in Spanish Heritage Speakers: A Case of Morphosyntactic Convergence. *Bilingualism: Language and Cognition* 7: pp.125–142.
Morley, Joan. (1976) *Listening Dictation*. Ann Arbor: University of Michigan Press.
Nakanishi, Kimiko and Satoshi Tomioka. (2002) On Japanese Associative Plurals. In Hirotani, Masako (ed.) *The Proceedings of the 32nd Conference of the North East Linguistic Society*. pp:423–439.
Nakayama, Mineharu and Noriko Yoshimura. (2008a) Skills Development in a Short-term English Study Abroad Program. In Wong, Collen (ed.) *Selected Papers from the 2006 Annual Research Forum of the Linguistic Society of Hong Kong*. pp: 55–66. Hong Kong: Linguistic Society of Hong Kong.
Nakayam, Mineharu and Noriko Yoshimura. (2008b) Oral Presentation Skills in Short-term English Language Study Abroad Programs. *Proceedings of the 25th International Conference of English Teaching and Learning and 2008 International Conference on English Instruction and Assessment International Conference*. C1 1–15. Linguistic Society of Taiwan.
Nakayama, Mineharu and Yoshimura Noriko. (2008c) Japanese EFL Learners' Skills Improvement and the Length of Study Abroad Programs. *Ars Linguistica* 15: pp.54–64.
Newmeyer, Fredrick J. (1996) Some Incorrect Implications of the Full-access Hypothesis. *Behavioral and Brain Sciences* 19: pp.736–737.

Osterhout, Lee and Kayo Inoue. (2007) What the Brain's Electrical Activity Can Tell Us about Language Processing and Language Learning. In Sakamoto, Tsutomu (ed.) *Communicating Skills of Intention*. pp:293–309.Tokyo: Hituzi Shobo.

Otero, Carlos P. (1996) Language Growth After Puberty? *Behavioral and Brain Sciences* 19: 738–739.

Park, Hyeson. (2004) A Minimalist Approach to Null Subjects and Objects in Second Language Acquisition. *Second Language Research* 20(1): pp.1–32.

Phinney, Marianne. (1987) The Pro-drop Parameter in Second Language Acquisition. In Roeper, Tom and Edwin Williams (eds.) *Parameter Setting*. pp:221–238. Dordrecht: Reidel Publishing Company.

Prévost, Philippe. (2008a) Morphological Variability in the Development of L2 French Morphosyntax: The Issue of Impairment and L1 Influence. In Slabakova, Roumyana, Silvina A. Montrul, and Philippe Prévost (eds.) *Issues in Linguistic Development: In Honor of Lydia White*. pp:135–156. Amsterdam: John Benjamins.

Prévost, Philippe. (2008b) Knowledge of Morphology and Syntax in Early Adult L2 French: Evidence for the Missing Surface Inflection Hypothesis. In Liceras, Juana M., Helmut Zobl, and Helen Goodluck (eds.) *The Role of Formal Features in Second Language Acquisition*. pp:352–377. New York: Lawrence Erlboum Associates.

Prévost, Philippe and Lydia White. (2000a) Accounting for Morphological Variation in Second Language Acquisition: Truncation or Missing Inflection? In Rizzi, Luigi and Marc-Ariel Friedemann (eds.) *The Acquisition of Syntax: Issues on Comparative Developmental Linguistics*. pp:202–235. London: Longman.

Prévost, Philippe and Lydia White. (2000b) Missing Surface Inflection or Impairment in Second Language Acquisition? Evidence from Tense and Areement. *Second Language Research* 16: pp.103–133.

Radford, Andrew. (1997) *Syntactic Theory and the Structure of English*. Cambridge: Cambridge University Press.

Radford, Andrew. (2004) *English Syntax: An Introduction*. Cambridge: Cambridge University Press.

Radford, Andrew. (2009) *An Introduction to English Sentence Structure*. Cambridge: Cambridge University Press.

Richek, Margaret A. (2007) *The World of Words*. Boston: Houghton Mifflin Company.

Ross, John R. (1967) Constraints on Variables in Syntax. Ph.D. Dissertation. MIT.

Sasaki, Miyuki. (2007) Effects of Study Abroad Experiences on EFL Writers: A Multiple-data

Analysis. *The Modern Language Journal* 91(4): pp.602–620.
Schachter, Jacqueline. (1974) An Error in Error Analysis. *Language Learning* 24: pp.205–214.
Schachter, Jacqueline. (1988) Second Language Acquisition and Its Relationship to Universal Grammar. *Applied Linguistics* 9: pp.219–235.
Schwartz, Bonnie and Rex Sprouse. (1994) Word Order and Nominative Case in Non-native Language Acquisition: A Longitudinal Study of German Interlanguage. In Hoekstra, Teun and Bonnie Schwartz (eds.) *Language Acqusition Studies in Generative Grammar*. pp:317–368. Amsterdam: John Benjamins.
Schwartz, Bonnie and Rex Sprouse (1996) L2 Cognitive States and the Full Transfer/Full Access Hypothesis. *Second Language Research* 12: pp.40–72.
Seal, Bernard. (1997) *Academic Encounters: Human Behavior*. Cambridge: Cambridge University Press.
Selinker, Larry. (1972) Interlanguage. *International Review of Applied Linguistics* 10: pp.209–231.
Shibuya, Mayumi and Shigenori Wakabayashi. (2008) Why Are L2 Learners Not Always Sensitive to Subject-Verb Agreement? In Roberts, Leah, Florence Myles and Annabelle David (eds.) *EUROSLA Yearbook* 8: pp.235–258. Amsterdam: John Benjamins.
Shibuya, Mayumi, Shigenori Wakabayashi and Tae Yamazaki-Hasegawa. (2009) Overuse of English 3rd Person Singular *-s* in Production and Perception among Japanese Learners. Poster presented at Generative Approaches to Second Language Acquisition 10.
Shirahata, Tomohiko. (1988) The Learning Order of English Grammatical Morphemes by Japanese High School Students. *JACET Bulletin* 19: pp.83–1–2.
Sorace, Antonella. (1996) On Gradience and Optionality in Non-native Grammars. *Behavioral and Brain Sciences* 19: pp.741–742.
Sorace, Antonella. (1999) Initial States, End-states, and Residual Optionality in L2 Acquisition. *Proceedings of Boston University Conference on Language Development* 23: pp.666–674. Somerville, MA: Cascadilla Press.
Sorace, Antonella. (2007) Optionality at the Syntax-Discourse Interface in Near-native L2 Speakers. *Second Language* 6: pp.3–15.
Sorace, Antonella and Francesca Filiaci. (2006) Anaphora Resolution in Near-native Speakers of Italian. *Second Language Research* 22: pp.339–368.
Spence-Brown, Robyn. (1993) Japanese Exchange Students Overseas: The Effect of Communicative Inadequacies on Presentation of Self. *Journal of Asian Pacific Communication* 4(4): pp.193–207.
Suda, Koji and Shigenori Wakabayashi. (2002) Pronominal Case-marking by Japanese Learners

of English. *Studies in Language Sciences* 2: pp.227–242. Tokyo: Kurosio Publishers.

Suda, Koji and Shigenori Wakabayashi. (2007) The Acquisition of Pronominal Case-marking by Japanese Learners of English. *Second Language Research* 23: pp.179–214.

Takazawa, Yoshiko. (1995). English Language Study Tour Abroad: Maximizing Its Effectiveness in Helping Students Improve Communicative Competency.『国際教養学論集』5 号：pp.1–27. 千葉敬愛大学.

Takezawa, Koichi. (1987) *A Configuration Approach to Case-marking in Japanese*. Ph. D. Dissertation. University of Washington.

Tanaka, Koichi and Rod Ellis. (2003) Study-abroad, Language Proficiency, and Learner Beliefs about Language Learning. *JALT Journal* 25(1): pp.63–85.

Tarone, Elaine, TESOL Research Committee, and Gail M. St. Martin. (1980) English Language Acquisition: The Effect of Living with an American Family. *TESOL Quarterly* 14(3): pp.388–390

Tateyama, Erina. (2002).The Response of Japanese Nursing Students to a Vacation English Program Abroad. ERIC Document Reproduction Service No. ED472141.

Thornton, Rosalind and Stephen Crain. (1994) Successful Cyclic Movement. In Hoekstra, Teun and Bonnie Schwartz (eds.) *Language Acquisition Studies in Generative Grammar*. pp:215–252. Amsterdam: John Benjamins.

Umeda, Mari. (2005) Wh-movement in Japanese-English Interlanguage. *Proceedings of the 29th Annual Boston University Conference on Language Development*. pp:616–626. Sommerville, MA: Cascadilla.

Vainikka, Anne and Martha Young-Scholten. (1996) Partial Transfer, Not Partial Access. *Behavioral and Brain Sciences* 19: pp.744–745.

Wakabayashi, Shigenori. (1997) *The Acquisition of Functional Categories by Learners of English*. Ph.D. Dissertation. University of Cambridge.

Wakabayashi, Shigenori. (2002) The Acquisition of Null Subjects in English: A Minimalist Account. *Second Language Research* 18: pp.28–71.

Wakabayashi, Shigenori and Izumi Okawara. (2003) Japanese Learners' Errors in Long Distance Wh-questions. In Wakabayashi, Shigenori (ed.) *Generative Approaches to the Acquisition of English by Native Speakers of Japanese*. pp.215–245. Berlin: Mouton de Gruyter.

Wakabayashi, Shigenori and Rumiko Negishi (2003) Asymmetry of Subjects and Objects in Japanese Speakers' L2 English. *Second Language* 2: pp.53–73.

Wakabayashi, Shigenori, Kazuhiko Fukuda, Masanori Bannai, and Shoichi Asaoka (2007)

Japanese Speakers' Sensitivity to Third Person Singular -*s* in English: Arguments Based on ERP Data. *Second Language* 6: pp.19–46.

White, Lydia. (1985) The Pro-drop Parameter in Adult Second Language Acquisition. *Language Learning* 35: pp.47–62.

White, Lydia. (1988) Island Effects in Second Language Acquisition. In Flynn, Suzanne and Wayne O'Neill (eds.) *Linguistic Theory in Second Language Acquisition*. pp:144–172. Dordrecht: Reidel.

White, Lydia. (1990) Second Language Acquisition and Universal Grammar. *Studies in Second Language Acquisition* 12: pp.121–133.

White, Lydia. (1992) Subjacency Violations and Empty Categories in L2 Acquisition. In Goodluck, Helen and Michael Rochemont (eds.) *Island Constraints*. pp:445–464. Dordrecht: Kluwer.

White, Lydia. (1996) UG, the L1, and Questions of Evidence. *Behavioral and Brain Sciences* 19: pp.745–746.

White, Lydia. (2003) Fossilization in Steady State L2 Grammars: Persistent Problems with Inflectional Morphology. *Billingualism: Language and Cognition* 6: pp.129–141.

White, Lydia. (2004) Plato's Problem in Reverse: Apparent Lack of Acquisition Despite Presence of Evidence. In Otsu, Yukio (ed.) *Proceedings of the Fifth Tokyo Conference on Psycholinguistics*. pp:33–61. Tokyo: Hituzi Syobo.

White, Lydia. (2008) Some Puzzling Features of L2 Features. In J. Liceras, Juana M, Helmut Zobl, and Helen Goodluck (eds.) *The Role of Formal Features in Second Language Acquisition*. pp:299–326. New York: Lawrence Erlbaum Associates.

White, Lydia and Alan Juffs. (1998) Constraints on Wh-movement in Two Different Contexts of Non-native Language Acquisition: Competence and Processing. In Flynn, Suzanne, Gita Martohardjono and Wayne O'Neil (eds.) *The Generative Study of Second Language Acquisition*. pp:111–129. Mahwah, NJ: Erlbaim.

Yamashita, Yuka. (2007) *The Acquisition of Pied-Piping and Preposition Stranding by Japanese EFL Learners*. M.A. Thesis. University of Shizuoka.

Yoshimura, Noriko and Mineharu Nakayama. (2008) Japanese Health Sciences Doctoral Students in a Study Abroad Context.『国際関係・比較文化研究』7(1): pp.151–161.

Yoshimura, Noriko and Mineharu Nakayama. (2009a) L1 Effects in the Acquisition of Inflectional Morphology by Japanese EFL Learners. Paper Presented at the Workshop on Interfaces in L2 Acquisition. Universidade Nova de Lisboa, June 20.

Yoshimura, Noriko and Mineharu Nakayama. (2009b) Acquisition of Two Types of -*s* by Japanese EFL Learners: The Role of L1 Transfer. In Kang, Young-Se, Sze-Wing Tang, Chul Kim, Joug-Yurl Yoon, Youg-Soon Kang, Kyoung-Ae Kim, Hyunkyung Yoo, Youngjun Jang, and Hye-Kyung Kang (eds.) *Current Issues in Linguistic Interfaces* 2: pp.253–263. Seoul, Korea: Hankook Munhwasa.

Yoshimura, Noriko and Mineharu Nakayama. (2009c) Nominative Case Marking and Verb Inflection in L2 Grammar: Evidence from Japanese College Students' Compositions. In Otsu, Yukio (ed.) *The Proceedings of the Tenth Tokyo Conference on Psycholinguistics.* pp.359–383. Tokyo: Hituzi Syobo.

Yuan, Boping. (1997) Asymmetry of Null Subjects and Null Objects in Chinese Speakers' L2 English. *Studies in Second Language Acquisition* 19: pp.467–497.

Yusa, Noriaki. (1999) Multiple-Specifiers and Wh-island Effects in L2 Acquisition: A Preliminary Study. In Klein, C. Elaine and Gita Martohardjono (eds.) *The Development of Second Language Grammars: A Generative Approach.* pp.289–315. Amsterdam: John Benjamins.

索引

1–9

3人称単数　84, 85, 86, 88, 94, 95, 96, 99, 101, 102, 103, 104, 106, 111, 112, 114, 118

A

Affix Hopping　105, 106

E

-ed の欠落　89, 90, 92, 94, 95, 96, 106
EPP　74, 75, 76, 92
ERP　86

I

iPod　21

L

LF　91, 92, 118

M

MSIH　83, 84, 95, 97, 99, 100, 102

P

Passport to Japan Program　12, 13
PF　91, 92, 93, 95, 100, 101, 104, 105
pro-drop　56, 59, 73, 77, 109
PTH　83, 84, 95, 97, 99, 101, 102, 118

R

RDH　82, 83, 84, 95, 99, 102, 105, 118

S

SHEP　5, 18, 20, 21, 22, 23, 27, 28, 29, 33, 34, 37, 38, 39, 41, 42, 44, 45, 46, 47, 51, 53, 81, 117
SPEAK　24, 31, 34, 35, 46, 51
SSEP　5, 6, 7, 8, 9, 10, 12, 15, 17, 18, 19, 29, 30, 33, 35, 37, 38, 39, 41, 43, 45, 47, 51, 53, 81, 117
-s の欠落　84, 88, 95, 96, 98, 101, 102, 104, 106

T

T-lowering　93, 94, 95, 100, 106
TOEFL　2, 20, 22, 33, 36, 77
TOEIC　111

W

WH-in-situ　63, 64, 67, 75, 113
WH移動　62, 64, 65, 66, 67, 69, 72, 74, 75, 76, 78, 79, 112, 113, 114

あ

アカデミックコミュニケーション　6, 7, 8, 11, 30

あ

アカデミックプレゼンテーション　5, 19
アカデミックライティング　12
アカデミックレクチャー　25

い

インターフェイス　3, 92, 93, 114, 118, 119, 121

え

英語研修　1, 2, 4, 5, 6, 18, 50, 56, 69, 71, 73, 76, 91
英語力　18, 55
英語力の向上　2, 3
英作文　3, 9, 40, 43, 45, 47, 48, 49, 53, 56, 58, 67, 68, 69, 73, 77, 81, 85, 91, 117

お

オーダーメイド　7, 8
音韻形態　82, 84, 91, 94, 95, 97, 114
音韻形態素　92, 93, 95, 99, 104, 106, 115, 118

か

格助詞　55
過去形　94, 95, 96, 104, 109, 110, 111, 112, 114, 118
可算名詞　98, 99, 106
過剰使用　98, 99, 102, 104
過剰生成　87, 89, 90, 106
数の素性　85
化石化　107, 108, 112, 115, 120
下接の条件　72, 108
可変性　83, 84, 100, 114, 121
関係節　46, 64, 65, 69, 70, 71, 72
関係代名詞　64, 65, 69, 71

か

感受性　103
カンバセーションパートナー　10, 11, 13, 14, 15, 16, 18, 21, 22, 23, 28, 29, 46

き

基礎英語力　28
機能範疇　74, 75, 76, 91, 104

く

屈折形態素　81, 82, 83, 84, 85, 90, 91, 99, 100, 101, 104, 109
グローバルCOE　18, 19, 21

け

形式素性　82, 83, 84, 104
健康科学英語研修　5, 18, 20, 25

こ

語彙挿入　93, 106
講義　9, 10, 20
後置詞残置　70
語学研修　3, 4, 8, 44, 117, 121
語学留学　1, 3
コミュニケーション　2, 5, 6, 8, 9, 14, 19, 20, 21, 23, 28, 29, 33, 46, 51, 52, 117
コミュニティーサービス　8, 12

さ

サービスラーニング　12, 13

し

刺激の貧困　73
習熟度　3, 4, 14, 29, 36, 43, 53, 54, 57, 60,

　　　　61, 65, 66, 84, 96, 97, 99, 100, 102, 104,
　　　　108, 110, 111, 115, 118
主格　54, 56, 57, 59
主語　54, 56, 57, 59, 72, 109, 111
主語繰り上げ　74, 76, 92, 106
主語の繰り上げ　105
主語の欠落　54, 55, 57, 58, 77
主語の習得　55
主語の省略　54, 56, 77

す

数素　92
数素性　86, 87, 95, 103, 105
スクラブリング　64
スクランブリング　62, 63, 67, 68, 69, 75,
　　　　78, 114
スピーキング　3, 7, 17, 19, 20, 24, 25, 26,
　　　　28, 29, 31, 34, 50
スペルアウト　72, 74, 75, 76, 91, 114
スモールトーク　16, 30

せ

前置詞残置　75
前置詞残置構文　79

そ

素性照合　74, 75

た

代名詞　55, 56, 57, 59, 61, 74

ち

値化　74, 92
中間言語　82, 98, 107, 108, 112, 118

中間文法　100
抽象素性　82, 84, 92, 100
長距離 WH 移動　68, 69, 113

て

ディクテーション　21
ディスカッション　8, 9, 16, 24, 26, 42, 49,
　　　　51, 117
転移　52, 104

と

統語　53, 74, 114, 118
統語部門　75, 76, 79

に

ニアネイティブ　111, 114
人称素　92
人称素性　86, 87, 105
人称の素性　85

は

バイリンガリズム　120
バイリンガル　121
パスポートプログラム　16, 17

ふ

不可算名詞　106
複数形　98, 99, 102, 105
複数形屈折形態素　97
普遍文法　72, 73, 74, 75, 76, 118
プレゼンテーション　8, 10, 11, 12, 16, 17,
　　　　19, 20, 22, 23, 24, 25, 26, 27, 42, 117
プロソディー　83, 104, 115
文法モジュール　3, 71, 118

ほ

ホームステイ　13, 15, 16, 17, 22, 23, 24, 28, 29
母語消失　121
母語の転移　57, 58, 59, 62, 64, 65, 66, 67, 68, 71, 74, 76, 97, 100, 106, 107, 109, 113, 118, 120, 121
ポスター発表　22, 24
ホストファミリー　10

ま

マッピング　82, 83, 93, 95, 97, 100, 103, 104, 106

み

ミシガンテスト　3, 5, 8, 12, 16, 17, 18, 24, 33, 43, 49, 53, 54, 56, 57, 77, 81, 88, 117

め

名詞複数形　84, 99, 101, 103, 104, 115, 118

も

目的格　55, 57
目的語　60, 62, 72
目的語の欠落　60, 61, 74
目的語の省略　59

ら

ライティング　7, 19, 42

り

リーディング　7, 19, 26, 51

リサーチプロジェクト　10, 11, 12, 17
リスニング　2, 7, 17, 19, 20, 21, 24, 25, 28, 33, 38, 39, 40, 44, 50
臨界期　107, 110, 115, 120

れ

レクチャー　8
レジデントアシスタント　13, 14, 17

著者紹介

吉村紀子(よしむら　のりこ)
静岡県立大学国際関係学部国際言語文化学科教授。
ブリティッシュコロンビア大学大学院教育学研究科修士課程修了。南カリフォルニア大学大学院言語学研究科博士課程修了。Ph.D.(言語学)。専門は理論言語学(統語論)。昭和女子大学専任講師、静岡県立大学国際関係学部助教授を経て、1999年より現職。2008年より静岡県立大学言語コミュニケーション研究センター長。
【主要著書】
Scrambling and Anaphora in Japanese (南カリフォルニア大学博士論文 1992 年)、「「ガ」「ノ」を方言研究に見る」(長谷川信子(編著)『日本語の主文現象』ひつじ書房 2007 年)、Dialectal Perspectives on the Emergence of Japanese Complementizer no (*Japanese/Korean Linguistics* 17, CSLI 2010 年)、中山峰治氏と共著—Skill Development in a Short-term English Study Abroad Program (*Selected Papers from the 2006 Annual Research Forum of the Linguistic Society of Hong Kong*. 2008 年)、Nominative Case Marking and Verb Inflection in L2 Grammar: Evidence from Japanese College Students' Compositions (*The Proceedings of the Tenth Tokyo Conference on Psycholinguistics*, Hituzi Syobo 2009 年)

中山峰治(なかやま　みねはる)
オハイオ州立大学東アジア言語文学科教授。
コネチカット大学大学院言語学研究科博士課程修了。Ph.D.(言語学)。専門は心理言語学。コネチカットカレッジ講師を経て、オハイオ州立大学東アジア言語文学科助教授、准教授、同大学日本学研究所所長、東アジア学研究所副所長、所長代理を務める。現在、Journal of Japanese Linguistics の Editor-in-chief、静岡県立大学薬学研究科・生活健康科学研究科客員教授。
【主要著書】
Acquisition of Japanese Empty Categories (くろしお出版 1996 年)、*Issues in East Asian Language Acquisition* (編著 くろしお出版 2001 年)、*Sentence Processing in East Asian Languages* (編著 CSLI, Stanford University 2002 年)、*Handbook of East Asian Psycholinguistics* Vol.2: Japanese (共編著、Cambridge University Press 2006 年)。

	シリーズ言語学と言語教育
	【第21巻】
	海外短期英語研修と 第2言語習得
発行	2010年4月21日　初版1刷

定価	3900円＋税
編者	©吉村紀子・中山峰治
発行者	松本功
装丁者	吉岡透 (ae) ／明田結希 (okaka design)
印刷所	三美印刷 株式会社
製本所	田中製本印刷 株式会社
発行所	株式会社 ひつじ書房 〒112-0011　東京都文京区千石2-1-2 大和ビル2F Tel 03-5319-4916　Fax 03-5319-4917 郵便振替　00120-8-142852 toiawase@hituzi.co.jp http://www.hituzi.co.jp

造本には充分注意しておりますが、落丁・乱丁などがございましたら、小社かお買上げ書店におとりかえいたします。
ご意見、ご感想など、小社までお寄せ下されば幸いです。

❖

ISBN978-4-89476-493-4　C3080
Printed in Japan